Sara Cianti   Simona Gavelli

Scoprire l'Italia...

con una caccia al tesoro

Redazione: Donatella Sartor
Progetto grafico e direzione artistica: Nadia Maestri
Grafica al computer: Veronica Paganin

© 2004 Cideb Editrice, Genova

Riferimento dei dipinti presenti nell'opera.

Ca' Rezzonico (1719 – 1723), Canaletto, Museo del Settecento veneziano
Veduta di Castel Nuovo, dipinto attribuito a F. Pagano
Museo Nazionale di Capodimonte, Napoli
Necropoli di Tarquinia, particolare della "Tomba dei Leopardi"
Urna cineraria fittile policroma, Museo Archeologico, Chiusi
Il tempio di Giano ad Agrigento (1820), Caspar David Friedrich
Una caccia al toro nella Piazza del Campo di Siena, dipinto del sec.XVI, Firenze, Uffizi

Saremo lieti di ricevere i vostri commenti, eventuali suggerimenti e di fornirvi
ulteriori informazioni che riguardano le nostre pubblicazioni:

Le soluzioni degli esercizi sono disponibili nel sito www.cideb.it,
area studenti / download

CISQ CISQ CERT
TEXTBOOKS AND
TEACHING MATERIALS
The quality of the publisher's
design, production and sales processes has
been certified to the standard of
UNI EN ISO 9001

ISBN 978-88-530-0241-9   libro + CD

Stampato in Italia da Litoprint, Genova

Indice

Testo integralmente registrato.

 Questi simboli indicano l'inizio e la fine delle attività di ascolto.

 Questo simbolo indica gli esercizi in stile CELI 2 (Certificato di conoscenza della Lingua Italiana), livello B1.

CAPITOLO 1

Il concorso

ari lettori, prima di iniziare questa breve storia, vogliamo presentarvi Mark, un ragazzo con molti interessi. Ha vent'anni, è alto, ama lo sport e la lettura e ha un carattere allegro.

Da qualche mese studia l'italiano a Firenze, in una scuola di via Ghibellina. Nella sua classe ci sono ragazzi e ragazze di tutte le nazionalità: ci sono due ragazzi senegalesi, una ragazza coreana, una francese, due giapponesi e tre americani.

Tutto questo è molto eccitante [1] e utile per il nostro studente, che può così scoprire tante cose nuove.

---

1. **eccitante** : divertente e interessante.

◆ Scoprire l'Italia

Con tutti Mark si sforza di parlare italiano. Spesso gli studenti si scambiano idee, consigli o ricette. Ormai sono diventati amici e talvolta vanno al cinema insieme.

Oggi l'insegnante propone loro un concorso molto simpatico. Questo è il bando: [1]

> L'Associazione culturale *Bella Italia*
> organizza una
> **Caccia al tesoro** [2] culturale,
> al fine di promuovere [3]
> la cultura italiana.
> Possono partecipare solo studenti stranieri.
> Per informazioni rivolgersi
> all'Associazione culturale *Bella Italia*,
> via della Vite, 114.
> Premio: a sorpresa.

«Interessante. Tu cosa ne pensi, Yuko?» domanda Mark alla sua compagna di corso, una ragazza carina, gentile, un po' timida ma molto studiosa.

«Beh, mi sembra divertente, Mark. Anzi, perché non partecipiamo tutti?» chiede Yuko ai suoi compagni.

«A me non sembra divertente... Ballare, fare un giro in

---

1. **bando** : foglio sul quale è spiegato il concorso e le sue regole.
2. **caccia al tesoro** : gioco a premi.
3. **promuovere** : diffondere, far conoscere a molte persone.

macchina è divertente, ma non una caccia al tesoro!» esclama John.

«A me non piace ballare e andare in giro in macchina...» dice Mary, un'amica di John. Poi prosegue:[1] «Io, però, non ho tempo per partecipare al concorso, perché ho tante cose da fare: gioco a tennis, vado al cinema almeno una volta la settimana, studio e lavoro qualche ora al giorno.»

«Secondo me, questo concorso è troppo faticoso...» dice Abdi, lo studente più pigro della classe. All'improvviso la campanella[2] suona e la lezione finisce.

Veduta di Firenze, particolare della cupola del Brunelleschi

1. **prosegue** : (qui) continua a parlare.
2. **campanella** : indica l'inizio/fine delle lezioni.

Comprensione

1 Rileggi il capitolo e indica con una ✗ la lettera corrispondente all'affermazione corretta.

1. Mark
   - a. ☐ studia italiano a Firenze.
   - b. ☐ si trova in vacanza a Firenze.
   - c. ☐ ha deciso di fare un viaggio a Firenze.

2. Mark
   - a. ☐ organizza un concorso.
   - b. ☐ vuole partecipare a un concorso.
   - c. ☐ organizza una serata in discoteca con i suoi compagni di classe.

3. John
   - a. ☐ decide di fare un giro in macchina.
   - b. ☐ decide di partecipare anche lui al concorso.
   - c. ☐ trova il concorso noioso.

4. Yuko e Mark
   - a. ☐ partecipano al concorso.
   - b. ☐ vanno a giocare a tennis.
   - c. ☐ non amano ballare.

5. Il concorso è organizzato
   - a. ☐ dalla scuola.
   - b. ☐ dall'Associazione culturale *Bella Italia*.
   - c. ☐ dall'insegnante.

2 Puoi aiutarci a fare un breve riassunto del capitolo 1?
Riordina ciascuna frase come nell'esempio.

Es.: *straniero — ragazzo — è — Mark — un*
     5   4   2   1   3

1. studia — Mark — a Firenze — l'italiano

2. l'insegnante — propone — agli studenti — un concorso

3. Mark — il concorso — divertente — e — Yuko — trovano

4. di una — al tesoro — caccia — si tratta

5. qual — è — non sappiamo — il premio

6. la campanella — suona — finisce — all'improvviso — e — la lezione

3 Ascolta nuovamente l'inizio del capitolo e individua le differenze.

Cari lettori, prima di iniziare questa <u>lunga</u> storia, vogliamo presentarvi Mark, un ragazzo con pochi interessi. Ha 20 anni, è basso, gli piace lo sport e la lettura e ha un carattere chiuso.

Da qualche anno studia il francese a Firenze, in una scuola di via Ghibellina. Nel suo corso ci sono ragazzi e ragazze di tutte le nazionalità: ci sono tre ragazze senegalesi, un ragazzo coreano, uno francese, due giapponesi e tre americane.

Tutto questo è molto divertente e utile per il nostro allievo, che può così scoprire molte cose nuove. Con tutti Mark cerca di parlare francese. Talvolta gli studenti si scambiano opinioni, suggerimenti o ricette. Ormai sono diventati amici e spesso vanno a teatro insieme.

4 Rileggi il capitolo e scrivi nelle rispettive colonne la nazionalità dei compagni di corso di Mark.

Ragazzi	Ragazze
....	....
....	....
....	....
....	....
....	....
....	....
....	....
....	....

5 Rileggi l'inizio del capitolo (p. 5) e completa, come hai fatto nel precedente esercizio, la seguente griglia.

Ragazzi	Ragazze
....	....
....	....
....	....
....	....
....	....
....	....
....	....
....	....

Confronta le due griglie. Che cosa puoi osservare, relativamente al genere dei nomi e degli aggettivi?

....

....

6 Osserva le fotografie e indica la nazionalità dei seguenti personaggi.

....

....

....

....

....

....

Competenze linguistiche

1 Indica il significato di ciascuna parola o espressione.

1. sforzarsi
   - a. ☐ cercare di
   - b. ☐ fare forza
   - c. ☐ essere obbligato

2. talvolta
   - a. ☐ sempre
   - b. ☐ qualche volta
   - c. ☐ raramente

3. scoprire
   - a. ☐ trascorrere
   - b. ☐ coprire
   - c. ☐ vedere

4. proporre
   - a. ☐ suggerire
   - b. ☐ indicare
   - c. ☐ mettere davanti

5. scambiarsi
   - a. ☐ prendere
   - b. ☐ dare
   - c. ☐ non dare

6. non avere tempo
   - a. ☐ essere occupato
   - b. ☐ non avere interesse
   - c. ☐ essere stanco

Produzione scritta

CELI 2

1 Scrivi una lettera a un/a amico/a per chiedergli/le di partecipare a una caccia al tesoro.

Nella lettera

— spieghi dove si svolgerà la caccia al tesoro;

— descrivi le regole del concorso;

— racconti brevemente perché hai piacere di partecipare.

(da 50 a 80 parole)

2 Sei sicuro di aver letto attentamente il capitolo?
Completa le seguenti caselle.

1. Il nome del protagonista di questa vicenda.

   ☐☐☐☐☐

2. La lingua che studia.

   ☐☐☐☐☐☐☐☐☐

3. La città nella quale studia Mark.

   ☐☐☐☐☐☐☐

4. Chi ha due anni meno di Mark ha...

   ☐☐☐☐☐☐☐☐☐ ☐☐☐☐

5. Il bando di concorso parla di una...

   ☐☐☐☐☐☐☐ ☐☐☐ ☐☐☐☐☐☐

6. Il nome della compagna di corso di Mark.

   ☐☐☐☐☐

7. Mary ci va almeno una volta la settimana.

   ☐☐☐☐☐☐

8. Suona quando finisce la lezione.

   ☐☐☐☐☐☐☐☐☐☐☐

CAPITOLO 2

Un equivoco

Mark va alla segreteria dell'Associazione culturale *Bella Italia* per iscriversi al concorso. «Buongiorno. Mi chiamo Mark. Per favore, mi può dire come devo fare per partecipare al concorso?»

«Buongiorno» risponde l'impiegato. «Per prima cosa, lei ha i requisiti [1] necessari?»

«Certamente» risponde Mark.

«Bene. Mi scusi...» chiede ancora l'impiegato «lei ha avuto problemi con la giustizia?»

---

1. **requisiti** : caratteristiche indispensabili.

Un equivoco

«No, no, mai» risponde un po' confuso lo studente.

«Benissimo!» continua l'impiegato. «Lo sa, ci sono molti partecipanti a questo concorso, quasi 20 000.»

Così tanti? — pensa Mark — Allora è impossibile vincere!

«Mi scusi» dice il giovane «in questo caso penso proprio di non partecipare...»

«E perché?» chiede sorpreso l'impiegato. «Dopotutto vale la pena [1] provare. Un posto di lavoro fisso, [2] come quello che offriamo noi, non è cosa da poco al giorno d'oggi.»

Mark non capisce più niente. «Un posto fisso? Ma il premio non è a sorpresa?» chiede perplesso Mark.

«Il premio? Mi dispiace, ma da noi non ci sono premi. Se vuole diventare un carabiniere deve studiare molto.»

«Carabiniere? No, assolutamente no! Scusi, ma questa non è la segreteria dell'Associazione culturale *Bella Italia*?» domanda Mark agitato.

«Ma no, questo è un ufficio della stazione dei carabinieri. L'Associazione è al secondo piano!»

«Bene» risponde finalmente tranquillo Mark.

Infine, dopo le scuse, sale al piano superiore dove trova una segretaria.

Mark chiede cosa deve fare per iscriversi.

«Ecco, deve scrivere il suo nome, cognome e indirizzo su questo modulo.» [3]

---

1. **vale la pena** : (espressione idiomatica) i vantaggi superano gli svantaggi.
2. **lavoro fisso** : contratto di lavoro a tempo indeterminato, senza scadenze.
3. **modulo** : scheda da riempire, da compilare.

◆ Scoprire l'Italia

«Bene, e dopo?»

«Dopo deve scegliere una di queste buste e la caccia al tesoro può cominciare.»

«D'accordo, scelgo questa.» Mark apre la sua busta e legge:

> Nella bella città di Dante,[1]
> nella piazza del David (è importante!)
> chiedi a un uomo vestito di scuro
> aiuto ti darà di sicuro!

«Bene, la ringrazio molto» dice il giovane alla segretaria e corre in fretta verso Piazza della Signoria.

Perseo di Benvenuto Cellini
(Piazza della Signoria)

1. **Dante Alighieri** : (1265-1321) poeta, autore della "Divina Commedia".

Comprensione

1 **Rileggi il capitolo e segna con una X la lettera corrispondente all'affermazione corretta.**

1. Mark deve iscriversi al concorso
   a. ☐ in un ufficio
   b. ☐ in una scuola
   c. ☐ in Piazza Cavour

2. L'impiegato che Mark trova nel primo ufficio è
   a. ☐ un vigile
   b. ☐ un carabiniere
   c. ☐ un meccanico

3. Per vincere il concorso l'impiegato consiglia a Mark di
   a. ☐ pregare
   b. ☐ studiare molto
   c. ☐ partecipare alla caccia al tesoro dell'Associazione *Bella Italia*

4. Mark alla fine
   a. ☐ trova l'ufficio
   b. ☐ non partecipa al concorso
   c. ☐ diventa un carabiniere

CELI 2

2 **Leggi le seguenti frasi che compaiono quasi tutte nel capitolo 2. Trova le due che non ne fanno parte.**

1. ☐ «Mi chiamo Mark.»
2. ☐ «Allora è impossibile vincere!...»
3. ☐ «Soprattutto, non vale la pena provare.»
4. ☐ «Ma il premio non è a sorpresa?»
5. ☐ «Ma no, questo è un ufficio dei vigili del fuoco.»
6. ☐ «Bene, e dopo?»
7. ☐ «D'accordo, scelgo questa.»

3 **Ascolta la registrazione e individua le differenze.**

Mark si reca alla segreteria dell'Associazione culturale *Bella Italia* per partecipare alla gara.

«Buonasera. Mi chiamo Mark. Per cortesia, mi sa dire come devo fare per iscrivermi alla gara?»

«Buongiorno» risponde la segretaria. «Per prima cosa, lei ha i requisiti richiesti?»

«Sicuramente» risponde Mark.

«Bene. Mi scusi...» domanda ancora la segretaria «lei ha avuto noie con la legge?»

«No, no, mai» risponde un po' stupito il ragazzo.

«OK!» prosegue la segretaria. «Lo sa, ci sono tanti iscritti a questo concorso, circa 30 000.»

 4 **Riascolta la registrazione e prova a correggere le parole che hai sottolineato.**

Competenze linguistiche

1 **Indica la definizione esatta di ciascuna parola o espressione.**

1. avere i requisiti necessari
   a. ☐ essere idoneo
   b. ☐ non essere adatto
   c. ☐ essere incapace

2. posto di lavoro fisso
   a. ☐ lavoro a tempo determinato
   b. ☐ lavoro a tempo indeterminato
   c. ☐ lavoro part-time

3. modulo

   a. ☐ scheda da compilare

   b. ☐ scheda da ritagliare

   c. ☐ scheda da fotocopiare

CELI 2

2 Mark si trova nella segreteria dell'Associazione *Bella Italia* e dopo aver compilato il modulo per partecipare al concorso, deve rispondere anche al seguente questionario.

Cognome ....

Nome ....

via .... n. ....

cap .... città ....

provincia .... tel ....

Da quanto tempo vive in Italia? ....

Quante lingue conosce? ....

In che modo è venuto a conoscenza di questa «caccia al tesoro»?

....

Per quale motivo ha deciso di partecipare? ....

....

Ha già partecipato a qualche caccia al tesoro o concorso?

....

Se sì, dove? ....

19

3 **La Galleria degli Uffizi**

La Galleria degli Uffizi è conosciuta in tutto il mondo. Nelle sue sale sono infatti esposti famosi dipinti.

Eccone alcuni. Purtroppo c'è un po' di confusione e i dipinti e i loro titoli sono mescolati.
Osservali attentamente e cerca di fare un po' d'ordine.

La Sacra famiglia
o *Tondo Doni* (1508)
di Michelangelo

a. ....

....

La Madonna del Cardellino (1506) di Raffaello

b. ....

....

Il Duca e la Duchessa di Urbino
(1460) di Piero della Francesca

c. ....

....

La Primavera (1480)
di Sandro Botticelli

d. ....

....

*Eleonora da Toledo e suo figlio
Giovanni dei Medici* (1545)
di Agnolo Bronzino

e. ....

....

Quello *autentico...*

Forse non tutti sanno che il David autentico non si trova in Piazza della Signoria, ma nella Galleria dell'Accademia.

Il primo incontro con il David di Michelangelo è davvero emozionante.

La Galleria dell'Accademia, una grande sala rettangolare, [1] ospita il capolavoro e altre sculture michelangiolesche.

Il David domina su tutte le altre sculture. Non è solo un capolavoro del Rinascimento italiano, il David è l'uomo più bello del mondo. Ogni anno attira un milione e mezzo di persone. Il David è ritratto su magliette, poster, cartoline; è riprodotto in gesso, bronzo, marmo e plastica.

Perché il David ha affascinato il mondo più di ogni altra scultura di Michelangelo?

Il David che ha abbattuto il gigante Golia è il simbolo della sfida al mondo, della fierezza e dell'orgoglio, è un inno alla libertà contro la tirannia.

Il giovane uomo tiene la fionda con la mano sinistra all'altezza della spalla e la destra abbassata lungo il fianco; le vene pronunciate e i muscoli definiti comunicano forza all'intera figura.

1. **rettangolare** : ☐

La Galleria degli Uffizi, Rossi Melocchi
(Il progetto iniziale prevedeva l'unione di Palazzo Vecchio con la Galleria)

1 Leggi il testo. Non tutte le affermazioni da 1 a 6 sono presenti. Indica con una ✗ le affermazioni presenti.

1. ☐ La Galleria dell'Accademia fu fondata per volontà del Granduca Leopoldo di Lorena.

2. ☐ Il David fu eseguito nel XVI secolo ed era destinato ad essere posto davanti a Palazzo della Signoria per diventare il simbolo della Repubblica fiorentina.

3. ☐ Il David autentico non si trova in Piazza della Signoria.

4. ☐ Nel XIX secolo il David di Michelangelo fu trasferito alla Galleria dell'Accademia.

5. ☐ Il David è ritratto su magliette, poster, cartoline; è riprodotto in gesso, bronzo, marmo e plastica.

6. ☐ Il David ha affascinato il mondo perché è il simbolo della sfida, della fierezza e dell'orgoglio.

2 E ora che conosci bene la celebre statua di Michelangelo, vedi se hai altrettanta padronanza del lessico relativo al corpo umano. Indica ciascuna parte di esso.

braccio	fianco	gamba	ginocchio	mano
piede	polpaccio	spalla	testa	gomito

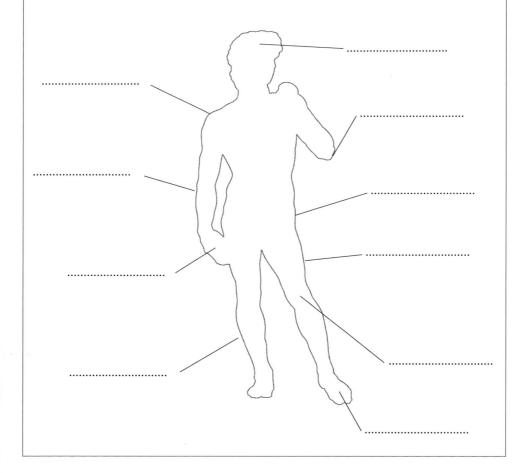

CAPITOLO 3

La caccia al tesoro ha inizio

Mark arriva di corsa in Piazza della Signoria. Fa molto caldo, è il mese di luglio e ci sono tanti turisti. «Ho sete, ma adesso non posso perdere tempo, devo trovare assolutamente l'uomo vestito di scuro» pensa lo studente. «Mi scusi, signore, lei è dell'Associazione culturale *Bella Italia*?» chiede Mark a un passante. [1]

---

1. **passante** : persona che cammina per strada.

◆ Scoprire **l'Italia**

Piazza della Signoria, veduta dall'alto

«No, mi dispiace» risponde il signore. Ma ecco che arriva lentamente un ragazzo che indossa pantaloni e camicia scuri. Mark lo ferma e rivolge la stessa domanda anche a lui.

«Sorry, I don't understand» risponde il ragazzo.

Mark ora è veramente molto stanco, si sente debole. Cerca con lo sguardo il suo uomo, guarda il David, Palazzo Vecchio, poi si volta e... sviene [1] proprio nel centro della piazza. Alcuni turisti si avvicinano, cercano di aiutare il giovane.

«Posso avere dell'acqua fresca?» chiede quando torna in sé. Poco dopo qualcuno porta a Mark una bottiglia d'acqua minerale. Ormai c'è una piccola folla [2] intorno a lui e Mark è un po' imbarazzato. [3]

---

1. **sviene** : perde i sensi e cade per terra.
2. **folla** : gruppo di persone.
3. **imbarazzato** : a disagio.

La caccia al tesoro ha inizio

«Sto bene, grazie, ora va tutto bene» cerca di spiegare a tutti.

«Ma è proprio sicuro di star bene?» chiede una signora con lo sguardo preoccupato. «Mi sembra ancora pallido. [1] Forse è meglio chiamare un medico» aggiunge poi.

«No, non importa, grazie» risponde subito il giovane «ora sto veramente bene.»

A poco a poco la gente va via e Mark rimane di nuovo solo con i suoi pensieri. Adesso, però, non sa più cosa fare.

 «Cosa faccio? Rimango ancora un po' a cercare il signore con la busta oppure vado a casa?» si chiede.

Infine decide di sedersi all'ombra, su un gradino [2] di pietra e riposarsi per un po'. È ancora stanco, ma non vuole andare via. «Il mio uomo può arrivare proprio adesso» ripete a se stesso.

Guarda i turisti che scattano le foto ricordo o ammirano i monumenti. Nessuno è vestito di scuro. Mark comincia a diventare ansioso. [3] «Basta... non voglio più partecipare al concorso, Abdi ha ragione: è troppo faticoso.»

In quel momento vede da lontano un vigile [4] con la divisa [5] blu scuro. «No, non può essere un vigile il mio uomo!» pensa tra sé.

Poi, però, pensa anche: «E perché no? È vestito di scuro, quindi devo chiedere anche a lui.»

---

1. **pallido** : con la faccia bianca.

2. **gradino** :

3. **ansioso** : preoccupato e inquieto.

4. **vigile** : agente di pubblica sicurezza.

5. **divisa** : uniforme, abito da lavoro che indossa una categoria di lavoratori.

◆ Scoprire l'Italia

Questa volta Mark ha proprio indovinato. Infatti il vigile dà allo studente una busta. Lui la apre e legge:

> Nella città dei leoni,
> canali ci sono a milioni:
> guarda bene, c'è un gondoliere [1]
> a lui chiedi, per piacere.

Palazzo Ducale (1734), Canaletto, Galleria degli Uffizi, Firenze

1. **gondoliere** : colui che conduce la gondola, rema.

Comprensione

CELI 2

1 Rileggi il capitolo e indica con una ✗ la lettera corrispondente all'affermazione corretta.

1. Mark cerca
   a. ☐ una signora in rosso
   b. ☐ un bambino biondo
   c. ☐ un uomo vestito di scuro

2. Mark è
   a. ☐ molto stanco
   b. ☐ contento
   c. ☐ arrabbiato

3. Mark aspetta il suo uomo
   a. ☐ dentro un bar
   b. ☐ in Piazza della Signoria
   c. ☐ alla stazione

4. L'uomo che dà a Mark la busta è
   a. ☐ un vigile
   b. ☐ un turista
   c. ☐ un meccanico

2 Collega le battute (a sinistra) con i personaggi (a destra). Attenzione, lo stesso personaggio può pronunciare più di una battuta!

Es.: «Ora sto veramente bene!»   →   Mark

1. «No, mi dispiace.»

2. «Posso avere dell'acqua fresca?»   Mark

3. «Forse è meglio chiamare un medico.»   la signora

4. «No, non importa, grazie.»   ragazzo straniero

5. «Sorry, I don't understand.»   un passante

3 Ascolta la registrazione e individua le differenze.

«Cosa faccio? <u>Resto</u> ancora qualche minuto a cercare l'uomo con la busta oppure vado a scuola?» si domanda.

Infine decide di fermarsi al sole, su uno scalino di marmo e riposarsi per un po'. È ancora affaticato, ma non vuole andarsene. «Il mio uomo può arrivare proprio ora» ripete a se stesso.

Osserva la gente che fa le foto ricordo e che visita i monumenti. Nessuno è vestito di chiaro. Mark inizia a diventare ansioso. «Basta... non voglio più partecipare alla gara, Abdi ha torto: non è abbastanza rilassante.»

4 Riascolta la registrazione e prova a correggere le parole che hai sottolineato.

Competenze linguistiche

1 Riordina ciascuna frase come nell'esempio.

Es.: *vestito — un uomo — di scuro — cerca — Mark*
       4   3   5   2   1

1. una busta — dà — allo studente — il vigile

2. lui — mi — aiutare — può — forse

3. anche — la stessa — fa — domanda — a lui

4. dell'acqua — posso — fresca — avere — ?

5. meglio — un medico — forse — è — chiamare

6. Mark — in Piazza — di corsa — della — arriva — Signoria

7. non — perdere — tempo — adesso — posso

8. finalmente — bere — l'acqua — può — minerale — Mark

9. proprio — della — sviene — Mark — piazza — centro — nel

Grammatica

CELI 2

1 Completa le seguenti frasi con i pronomi personali complemento oggetto: *la, lo, li, le.*

1. Quando esci compri il giornale? Sì, ... compro all'edicola davanti alla scuola.
2. Hai comprato le scarpe? No, non .... ho trovate.
3. Papà, mi regali una bicicletta per Natale? Sì, te .... regalo se fai sempre i compiti.
4. Ti piacciono quegli stivali neri? No, ... preferisco marroni.
5. Ti piace il tè al limone? Sì, ma .... preferisco con il latte.
6. Sai dove sono le chiavi? Sì, ... ho in borsa.
7. Hai preso tu l'ultimo CD degli 883? Sì, ... ho prestato a Marco.
8. Papà, prepari tu la cena? Sì .... preparo io, perché la mamma ha una riunione di lavoro.

CELI 2

2 E ora completa le seguenti frasi con i pronomi personali indiretti: *mi, ti, gli, le, ci, vi, loro.*

1. Telefoni tu a Giorgio? Sì, ... telefonerò questa sera.
2. Hai parlato ai tuoi genitori di noi? Sì, ho parlato .... di noi.
3. Avete inviato gli auguri di Natale allo zio? Sì, ... abbiamo inviato gli auguri proprio ieri.
4. Ti piace Sting? Sì, ... piace molto.
5. Vi capita spesso di andare al cinema? Sì, ... capita almeno una volta la settimana.
6. Ad Anna piace la pizza margherita? Sì, ... piace, ma preferisce la capricciosa.
7. .... vedrete durante le vacanze? Sì, ci vedremo senz'altro.
8. Come .... chiami? Mi chiamo Anna.

Produzione orale

1 Ripensa alle difficoltà affrontate da Mark. Tu come avresti reagito?

2 Ti è mai capitato di vivere una situazione imbarazzante?
Prova a descriverla e spiega il perché del tuo stato d'animo.

3 Hai mai partecipato a una caccia al tesoro? sì no
Se sì, descrivila; altrimenti, spiega se ti piacerebbe parteciparvi.

4 Ti piacerebbe partecipare a questa particolare caccia al tesoro?

MARE & TERRA
CACCIA AL TESORO? MEGLIO SOTT'ACQUA
Palinuro

Cercate gli indizi che possano condurre (se la pista seguita è quella giusta) *a trovare il sospirato tesoro. Un premio che stavolta è adagiato in fondo al mare.*
L'originale idea della caccia al tesoro subacquea è venuta a Sergio Meo e Maria Rosaria Gliottone, direttori del «Marbella Club» di Palinuro. Per la prima edizione di questo singolare gioco è stato scelto lo Scoglio del Coniglio, zona dai fondali vari e suggestivi davanti alla foce del Mingardo. Prima dell'inizio della caccia, i partecipanti riceveranno una serie di informazioni che li guiderà nelle loro ricerche. Ogni squadra sarà composta da due subacquei, e saranno a disposizione imbarcazioni per avvicinarsi al campo di gara.
Il primo premio messo in palio è una settimana di soggiorno al "Marbella Club" di Palinuro!

CAPITOLO 4

Alla stazione

M ark va subito alla stazione a comprare un biglietto di andata e ritorno per Venezia. Il giorno dopo, alle 10.30, è sul treno per la città più romantica d'Italia.

È domenica e sul treno non ci sono molte persone, solo pochi turisti. Molti sono andati al mare. Seduta accanto a Mark c'è una signora di circa sessant'anni che indossa una camicia bianca con un grande colletto[1] e una lunga gonna marrone.

La prima fermata è Bologna, la città più importante dell'Emilia Romagna. Il treno ferma solo pochi minuti.

---

1. **colletto** : parte della camicia attorno al collo.

◆ Scoprire l'Italia

«Scusi, lei sa quali sono le prossime fermate?» chiede Mark alla signora.

«Ferma a Padova e a Venezia-Mestre. Anche lei scende a Venezia?» chiede a sua volta [1] la signora.

«Sì, è la prima volta che vedo Venezia» spiega lo studente.

«Oh, è una città molto bella, sa? Io vado a trovare mia figlia che ha sposato un veneziano...»

Mark è curioso e domanda ancora alla signora: «Davvero? Allora lei conosce molto bene questa città.»

«Sì, abbastanza. Io, però, la trovo un po' umida, c'è così tanta acqua dappertutto!» dice scherzando, ma poi aggiunge «In realtà è molto lontana da dove abito io e questo mi dispiace, sa, soprattutto per i miei nipotini...»

«Oh, allora lei è già nonna... eppure sembra così giovane. Quanti anni hanno i suoi nipotini, signora?»

«Il più piccolo, Giacomo, ha sette anni, mentre Chiara, la più grande, ha ormai quattordici anni. Ecco, ho qui le loro fotografie. Mi vogliono davvero bene, sa? Appena posso prendo il treno e vado a trovarli. L'ultima volta siamo andati tutti insieme al Carnevale.» [2]

«Il Carnevale?» domanda un po' stupito Mark.

«Sì, sì. A Venezia tutti lo festeggiano in quei giorni.

Ci sono delle maschere [3] stupende. Molti indossano dei

---

1. **a sua volta** : a suo turno.
2. **Carnevale** : festa in maschera, non religiosa, celebrata a febbraio.
3. **maschere** :

costumi [1] antichi, anche preziosi, sa? Tutti i turisti vengono per scattare delle belle fotografie...»

**Conversazione tra maschere (1760 c.),
P. Longhi, Museo Correr, Venezia**

«Deve essere affascinante!» [2] esclama Mark.

«Venezia poi è un po', come dire,... magica...» aggiunge la signora sorridendo, poi prosegue: «Lo sa che in centro ci sono tante strade piccole piccole che si chiamano "calli", mentre le piazze, anche quelle molto piccole, si chiamano "campielli"... E le gondole, le ha mai viste le gondole? Sono delle barche di legno, nere, lunghe e strette.»

---

1. **costumi** : (qui) abiti particolari, tipici del Carnevale (che riprendono personaggi celebri quali Colombina, Arlecchino, Brighella, ecc.).
2. **affascinante** : piena di fascino, bella.

◆ Scoprire l'Italia

«Ah sì, una volta ho visto una fotografia...» ricorda infine il giovane.

Così, mentre i due viaggiatori parlano del più e del meno, il treno arriva a Venezia. Mark saluta e scende in fretta, poi va in Piazza San Marco.

Lì vede un gruppo di gondolieri e chiede:

«Per favore, qualcuno di voi conosce l'Associazione culturale *Bella Italia*?»

Ponte San Gregorio e facciata posteriore di Palazzo Dario

«Noi no, ma Toffolo sì. Adesso è in gondola con alcuni clienti, devi aspettare un po'» gli risponde uno di loro.

Mark aspetta per un'ora e mezza, ma poi ottiene la sua busta e legge:

> Nella calda città della pizza
> c'è una grande, bella fortezza: [1]
> tu non andar lontano,
> ma chiedi pure al guardiano.

Napoli: in primo piano il Castel dell'Ovo

1. **fortezza** :  castello difeso da mura.

Comprensione

CELI 2

1 Mark ha un diario. Oggi racconta il suo viaggio a Venezia. Aiutalo a completare il testo inserendo in ogni spazio numerato la lettera corrispondente alla parola scelta.

Caro diario,

oggi ho fatto una gita a Venezia.

Ho preso il (1) .... alle 10.30.

Sul treno ho (2) .... con una signora.

Ha detto di essere già (3) .... a Venezia e di avere due nipotini.

Per avere la (4) .... ho aspettato quasi (5) .... ore!

Poi, ho fatto una (6) .... per la città. Ho visto le

(7) .... e i (8) .... tipici di Venezia.

La sua piazza più grande, Piazza San Marco, è magica!

In ogni caso, sai cosa mi è piaciuto di più? Le (9) .... !

Cosa sono? Sono delle (10) .... di legno nere.

Spero proprio di (11) .... presto a Venezia!

	A	B	C
1.	A taxi	B tram	C treno
2.	A chiacchierato	B conosciuto	C discusso
3.	A stata	B ritornata	C mancata
4.	A conferma	B busta	C risposta
5.	A due	B sette	C venti
6.	A visita	B passeggiata	C corsa
7.	A strade	B calli	C vie
8.	A campielli	B piazze	C vicoli
9.	A gondole	B navi	C macchine
10.	A stampe	B barche	C scarpe
11.	A dimenticare	B lasciare	C tornare

2 Formula le domande corrispondenti alle seguenti risposte.

Es.: *Ha preso il treno.* → *Cosa ha preso Mark per andare a Venezia?*

1. Indossa una camicia bianca e una gonna marrone.
2. Ferma a Padova e a Venezia-Mestre.
3. Trova la città troppo umida.
4. Ha due nipoti.
5. Al Carnevale.
6. Si chiamano "calli".
7. Va in Piazza San Marco.
8. Un'ora e mezza.

3 Ascolta la registrazione e indica il termine che hai sentito tra quelli elencati tra parentesi.

Mark va subito alla (*stazione, posta, agenzia di viaggi*) a (*comprare, spedire, chiedere*) un (*modulo, dépliant, biglietto*) di andata e ritorno per (*Venezia, Milano, Genova*). (*Il giorno dopo, il giorno prima, il giorno successivo*), alle 10.30, è (*sull'autobus, sul treno, sul traghetto*) per la città più (*umida, originale, romantica*) d'Italia.

È (*sabato, domenica, lunedì*) e sul treno non ci sono (*molti passeggeri, molti pendolari, molte persone*), solo pochi turisti. Molti sono andati (*al mare, a lavorare, a sciare*). Seduta accanto a Mark c'è (*una signorina, un signore, una signora*) di circa (*vent'anni, quarant'anni, sessant'anni*) che indossa (*una giacca, una camicia, una pelliccia*) bianca con un grande colletto e una lunga gonna (*nera, grigia, marrone*).

La prima (*fermata, sosta, tappa*) è Bologna, la città più (*famosa, ghiotta, importante*) dell'Emilia Romagna. Il treno ferma solo (*alcuni secondi, pochi istanti, pochi minuti*).

Competenze linguistiche

1 Indica il significato di ciascuna parola o espressione.

1. colletto
   - a. ☐ parte della camicia intorno al collo
   - b. ☐ piccolo collo
   - c. ☐ parte del collo

2. le prossime fermate
   - a. ☐ le altre fermate
   - b. ☐ le fermate successive
   - c. ☐ le fermate vicine

3. dappertutto
   - a. ☐ dovunque
   - b. ☐ in certi luoghi
   - c. ☐ nella maggior parte della città

4. parlare del più e del meno
   - a. ☐ essere esperto di matematica
   - b. ☐ discorrere di cose poco importanti, passando da un argomento all'altro
   - c. ☐ ricordarsi tutti i numeri di telefono

5. guardiano
   - a. ☐ persona che guarda
   - b. ☐ persona che dorme
   - c. ☐ persona che sorveglia

6. campiello
   - a. ☐ piccolo campo
   - b. ☐ piazzetta
   - c. ☐ cimitero

2 Vuoi conoscere il titolo di due famose commedie di Carlo Goldoni? Allora completa le seguenti caselle aiutandoti con le indicazioni qui sotto.

|1| | |2| | | | | | | |3| | |4| | | |5| | | | |

1. Nota del diapason e articolo determinativo femminile.
2. Ci si mette il vino.
3. Iniziali dello stilista Armani.
4. Preposizione articolata maschile singolare.
5. Si vende anche in chicchi e ha un aroma squisito.

|1| | |2| |3|4|5| | | |6| | |7| | |
|8| | | |9| | | | | | |

1. Articolo indeterminativo, maschile singolare.
2. Congiunzione ipotetica.
3. È tra la Q e la S.
4. La ventesima lettera dell'alfabeto.
5. Le ultime tre lettere del participio passato del verbo partire.
6. Ha la testa incoronata.
7. Preposizione semplice.
8. Il numero che indica una coppia.
9. Padrone al plurale.

Ritratto di C. Goldoni

Venezia *a filo d'acqua*

La vita dei veneziani si svolge in laguna.

Le "bricole", grossi tronchi d'albero piantati nel fango, assicurano la navigazione in acque spesso poco profonde. Qui le correnti modificano le "barene", [1] i banchi di sabbia. Le "bricole" hanno i nomi delle strade e spesso vi sono attaccati piccoli altari fioriti dedicati alla Madonna.

La laguna è piena di fascino: d'estate i veneziani prendono il sole in barca e le famiglie fanno il picnic su isolotti. Tra i passatempi: la pesca e la caccia alle oche selvatiche. Ogni famiglia, o quasi, ha la sua imbarcazione. I vaporetti collegano la città alle isole.

1. **barene** : superfici emerse della laguna.

Ponte dell'Anatomia
("dei squartai") a San Giacomo

I battelli raccolgono la spazzatura, i battelli postali consegnano le buone e le cattive notizie, il battello ambulanza con sirene e lampeggianti [1] accompagna i malati all'ospedale. Poliziotti e pompieri si spostano in battello. Per mare si effettuano anche funerali e traslochi, [2] persino i tifosi [3] si spostano in battello.

Palazzi sul Canal Grande

1. **lampeggianti** : lampade che emettono luce a intermittenza.
2. **traslochi** : trasporto di mobili in una nuova casa o in un'altra sede.
3. **tifosi** : appassionati di sport, sostenitori di una squadra sportiva o di un atleta.

Anche le feste si svolgono in acqua: la più popolare è la Voga Longa che celebra, a metà maggio, la tradizione antica delle imbarcazioni a remi.

Un colpo di cannone dà il via a questa maratona [1] che parte dal bacino di San Marco. Fedeli all'appuntamento, i partecipanti provengono da tutto il mondo. La gara si conclude, dopo 32 km, nel Canal Grande.

1. **maratona** : (fig.) gara di resistenza.

Agenda

Gli appuntamenti con la città sono decisamente numerosi. Se le regate si susseguono [1] per tutto l'anno, non si possono dimenticare:

- il Carnevale con le sue meravigliose maschere (febbraio/marzo);
- la Biennale dell'arte (metà maggio/metà settembre);
- la Festa del Redentore (15-16 luglio);
- il Festival Internazionale del Cinema (inizio settembre) che si svolge al Lido di Venezia;
- la Regata Storica sul Canal Grande, pittoresca processione di antiche imbarcazioni (la 1ª domenica di settembre).

Regata storica sul Canal Grande

---

1. **si susseguono** : si fanno a breve distanza l'una dall'altra.

Il carnevale *a Venezia*

Il Carnevale veneziano aveva inizio il 26 dicembre ed era un momento importante di svago per i veneziani.

Il Carnevale a Venezia era un momento magico, che coinvolgeva tutta la città e rappresentava la "trasgressione" a tutte le regole sociali e dello Stato.

La gente di tutti i ceti sociali amava travestirsi e per la confezione degli abiti si spendevano cifre molto alte.

Mascherati in uno dei tanti fantasiosi travestimenti, i veneziani vivevano intensamente questo periodo. Le corti dei palazzi si aprivano alle feste; in tutti i campielli spettacoli e musica rallegravano i giorni e le notti.

Lungo le calli e per i canali invasi da maschere, l'identità personale, il sesso, la classe sociale non esistevano più; si entrava a far parte della grande illusione del Carnevale.

Centro delle feste era naturalmente Piazza San Marco: il Giovedì grasso si dava inizio alla festa più grande.

Tra la folla si gettavano confetti e sfilavano le maschere più note: Pantalone, Brighella, Arlecchino, il dottor Ballanzone, Colombina... Si cantava e si ballava in vari gruppi, mentre i burattinai facevano divertire i bambini.

Molte erano le feste e i divertimenti vari ai quali i veneziani non mancavano di partecipare nel corso del Carnevale: le spericolate e sanguinarie cacce dei tori, le corse delle carriole, [1] le infinite feste in costume che venivano organizzate, per la gioia dei patrizi, in tutti i più bei palazzi di Venezia, o il passeggio nelle vie principali della città, sfoggiando le maschere più sontuose; ma la "follia" più grande era riservata per l'ultimo giorno di Carnevale, la festa più gioiosa e sfrenata.

Produzione orale

CELI 2

1 Ecco delle maschere moderne del Carnevale. Descrivi quella che ti piacerebbe indossare.

1. **carriole** :

A spasso *per le isole*

Burano

Con le sue case dai colori vivi, Burano ha saputo conservare la propria identità. Un tempo infatti i pescatori, di ritorno a casa dopo molti giorni, desideravano riconoscere da lontano la loro abitazione. Oggi è ancora un porto peschereccio [1] molto attivo. La pesca sulle barene è ancora frequente: per nove mesi all'anno, i pescatori in piedi nell'acqua, con stivali di plastica, tendono le reti in mezzo alla laguna. Nel tempo restante riparano le reti, preparano le pasture [2] o ripuliscono le loro barche.

Fin dal XV secolo, Burano era famosa per le sue ricamatrici e le sue merlettaie [3] che ancora oggi lavorano sulla porta di casa.

1. **porto peschereccio** : porto attrezzato per la pesca.
2. **pasture** : esche animali o vegetali gettate in acqua dal pescatore per attirare il pesce.
3. **merlettaie** : donne che fanno i merletti, pizzi.

Murano

Grazie alla fama delle sue vetrerie, Murano è la più frequentata delle isole.

1 Indica con una ✗ se le seguenti affermazioni sono vere (V) o false (F).

		V	F
1.	I banchi di sabbia si chiamano "barene".	☐	☐
2.	I tronchi d'albero piantati nel fango sono le "bricole".	☐	☐
3.	D'estate i veneziani fanno picnic a Chioggia.	☐	☐
4.	A Venezia non ci sono molti vaporetti.	☐	☐
5.	La festa più popolare dei vaporetti è la Voga Longa.	☐	☐
6.	Burano è famosa per il porto peschereccio, le ricamatrici e le merlettaie.	☐	☐
7.	Murano è famosa per le sue vetrerie.	☐	☐

CAPITOLO 5

L'amico napoletano

I l nostro Mark, rientrato a Firenze, si trova nei guai, [1]
perché non ha i soldi per andare a Napoli.

«Come posso fare?» si chiede pensieroso.

All'improvviso si ricorda di Mario, un amico che abita
proprio a Napoli.

In fretta Mark cerca il suo numero di telefono sull'agenda [2] e
lo chiama: «Pronto, Mario, sono Mark. Come stai?»

«Ciao, Mark, sono contento di sentirti! Io sto bene e tu?»
chiede l'amico.

---

1. **guai** : difficoltà, problemi.
2. **agenda** : (qui) rubrica, quaderno con nomi e numeri di telefono.

L'amico napoletano

«Anch'io sto bene, grazie. Senti, Mario, ti devo chiedere un favore.»

Mark spiega tutto all'amico che risponde: «D'accordo Mark, non ci sono problemi, posso andarci io.»

Così Mario va in centro a piedi. Comincia a piovere, non ha l'ombrello e perciò entra in un bar. «È meglio aspettare un po'...» pensa. Ordina un caffè e si siede a un tavolo vicino alla vetrina. Poco dopo Mario vede passare davanti alla vetrina Giacomo, un amico che non vede da molto tempo, con Giulia, la sua fidanzata. Paga il conto in fretta ed esce di corsa dal bar.

«Ehi, Giacomo, Giulia!» I due si voltano [1] e vedono Mario.

«Mario! Ma cosa fai tu da queste parti?» [2] chiedono i giovani.

«Aiuto un amico che mi ha chiesto un favore... e voi cosa avete da raccontarmi?»

«Ci sono delle novità, [3] sai. Io e Giulia...»

«Beh? C'è qualcosa di nuovo?» chiede Mario.

«Sì, ecco...» Giacomo non riesce a finire la frase.

«Io e Giacomo ci sposiamo il mese prossimo» dice infine Giulia.

«Davvero? Sono proprio contento per voi, sapete? Ma devo anche dire che... insomma, il matrimonio è una cosa seria... siete proprio decisi?»

«Sì, certo» risponde Giacomo.

1. **si voltano** : si girano.
2. **da queste parti** : qui.
3. **novità** : cose e fatti nuovi.

◆ Scoprire l'Italia

«Vedi, Mario, noi vogliamo avere una famiglia, una casa tutta nostra... e anche dei bambini» continua Giulia.

«Beh allora... potete vivere insieme, non è necessario il matrimonio... io vedo il matrimonio come...»

«Come cosa?» chiede incuriosita Giulia.

«Ecco... come... una trappola!»[1]

Interviene[2] allora Giacomo e spiega all'amico perché, secondo lui, il matrimonio non è una "trappola", ma la soluzione[3] per due persone che si vogliono bene.

I due continuano a parlare di questo argomento per un bel po' di tempo, fino a quando Mario pensa al suo amico straniero.

«Oh, no! È tardi e forse il guardiano se ne è già andato...» pensa, mentre corre via. Quando infine arriva nei pressi[4] della fortezza, comincia a cercare con lo sguardo il suo uomo, ma non vede nessuno. Poi, all'improvviso, un signore si avvicina al ragazzo e chiede ad alta voce : «Scusi, cerca qualcuno?»

«Eh sì, il guardiano» risponde Mario.

«Sono io. Non indosso più la divisa, perché ho finito il mio turno.»

«Meno male, ce l'ho fatta!» pensa sollevato[5] il ragazzo.

Un'ora dopo chiama Mark e gli dice:

«Mark, il guardiano mi ha dato una busta dove è scritto:

---

1. **trappola** : strumento creato per catturare animali; (qui) situazione che non lascia libertà.
2. **interviene** : prende la parola.
3. **soluzione** : (qui) cosa giusta da fare.
4. **nei pressi** : vicino (a).
5. **sollevato** : (qui) contento.

L'amico napoletano ◆

Nella città che è la capitale
degli antichi si studia la storia e la morale, [1]
nel centro c'è il Foro, [2]
risultato di duro lavoro.»

Infine Mark saluta e ringrazia molto il suo amico napoletano.

Anfiteatro Flavio (mosaico minuto)
Luigi Mascelli, collezione L. Moroni, Roma

1. **morale** : filosofia, modo di vivere.
2. **Foro** : centro politico e sociale delle città greche e romane.

Comprensione

1 **Indica con una ✗ se ciascuna affermazione è vera (V) o falsa (F).**

	V	F
1. Mark chiede aiuto al suo amico Mario.	☐	☐
2. Mario abita a Milano.	☐	☐
3. Mark ha scritto una lettera a Mario.	☐	☐
4. È una bella giornata e fa molto caldo.	☐	☐
5. Giacomo non vuole sposare Giulia.	☐	☐
6. Mario non riesce ad avere la busta dal guardiano.	☐	☐

2 **Riordina ciascuna frase come nell'esempio:**

Es.: «Ciao, — sono — di — contento — sentirti!»
      1   2   4   3   5

1. a piedi — così — va in centro — Mario

2. vedono — Mario — i due — e — si voltano

3. a finire — non riesce — Giacomo — la frase

4. una famiglia — vogliamo — noi — avere

5. non — la divisa — indosso — più — ho finito — il mio turno — perché

6. ce — fatta — male — l'ho — meno — !

3 Ascolta la registrazione e completa il seguente testo.

Mark spiega tutto all'.................... che risponde: «D'accordo Mark, non ci sono ...., posso andarci io.»

Così Mario va in .... a piedi. Comincia a ...., non ha l'.................... e perciò entra in un .... «È meglio aspettare un po'...» pensa. Ordina un .... e si siede a un .... vicino alla .... Poco dopo Mario vede passare davanti alla vetrina Giacomo, un .... che non vede da molto tempo, con Giulia, la sua .... Paga il .... in fretta ed esce di .... dal bar.

«Ehi, Giacomo, Giulia!» I due si voltano e vedono Mario.

«Mario! Ma cosa fai tu da queste ....?» chiedono i ....

«Aiuto un .... che mi ha chiesto un .... e voi cosa avete da raccontarmi?»

«Ci sono delle ...., sai. Io e Giulia...»

«Beh? C'è qualcosa di nuovo?» chiede Mario.

«Sì, ecco...» Giacomo non riesce a finire la ....

CELI 2

4 Completa le frasi scrivendo in ogni spazio la lettera corrispondente alla congiunzione opportuna.

1. Mark si trova nei guai .... non ha i soldi per andare a Napoli.
   a. ☐ mentre **b.** ☐ perché **c.** ☐ allora **d.** ☐ perciò

2. .... Mario arriva vicino alla fortezza, comincia a cercare il guardiano.
   a. ☐ allora **b.** ☐ dove **c.** ☐ quando **d.** ☐ dato che

3. Il guardiano non indossa più la divisa .... ha finito il suo turno.
   a. ☐ purché **b.** ☐ nonostante **c.** ☐ però **d.** ☐ poiché

Competenze linguistiche

1 Indica il significato di ciascuna parola o espressione.

1. vetrina
   - a. ☐ piccolo vetro
   - b. ☐ vetrata di una chiesa
   - c. ☐ spazio di esposizione della merce al pubblico in un negozio

2. un bel po' di tempo
   - a. ☐ con il bel tempo
   - b. ☐ parecchio tempo
   - c. ☐ poco tempo

Produzione orale

1 E a te il matrimonio sembra...?

☐ una perdita di tempo
☐ un'occasione per crescere in due
☐ un'occasione per gli avvocati che curano il divorzio
☐ una condizione indispensabile per creare una famiglia
☐ una "trappola"
☐ un modo per dividere con un'altra persona le cose belle della vita
☐ un modo per dividere le spese
☐ altro

2 Spiega il perché della tua scelta.

3 Leggi il seguente testo. Indica con una *X* la lettera corrispondente all'affermazione corretta.

Un matrimonio felice assicura alle donne una buona salute

Le donne stanno fisicamente meglio quando vivono un matrimonio felice.

Lo dimostra una vasta indagine condotta presso l'Università di San Diego State e l'Università di Pittsburg da Linda Gallo e Wendy Troxel.

Secondo le scienziate il miglior stato di benessere psicologico aiuta inconsciamente le donne a seguire uno stile di vita salutare e comunque fornisce loro una notevole sicurezza, anche quando nascono problematiche di tipo medico.

Al contrario, l'insoddisfazione può causare disagio psicologico che a sua volta fa male al cuore.

Questi risultati derivano da un'indagine condotta su 493 donne e durata 13 anni nel corso dei quali le partecipanti sono state sottoposte a esami del sangue, a controlli del peso corporeo, a test per valutare lo stato di ansia, depressione, stress.

Alle donne veniva anche chiesto di compilare un questionario per valutare il benessere nella vita di coppia. Dal confronto tra i dati sulla salute e questi ultimi è emerso che un rapporto soddisfacente fa bene al corpo oltre che al benessere interiore delle donne.

L'argomento della notizia indica che un matrimonio felice.

A ☐ crea problemi di salute

B ☐ fa bene alla mente e al corpo

C ☐ determina stati d'ansia

Napoli

Napoli è una megalopoli di 3,5 milioni di abitanti e occupa una delle aree più popolose del mondo.

Dagli antichi Greci i napoletani hanno ereditato la vivacità, l'intelligenza, la razionalità, l'improvvisazione e soprattutto l'ironia: la capacità di ridere di se stessi e dei propri guai.

Questo popolo ha conservato gli antichi usi e costumi, credenze, abitudini e superstizioni. [1] Basta camminare per le strade per incontrare una folla sempre indaffarata e in movimento. È da qui che nascono le canzoni, le poesie e il teatro di De Filippo.

Golfo di Napoli: in primo piano il porticciolo di Santa Lucia

---

1. **superstizioni** : spiegazioni non logiche di fenomeni naturali, credenze popolari.

Napoli da vedere

L'ingresso del *Maschio Angioino* 1 è un monumentale arco di trionfo. Otto statue, che rappresentano le dinastie che hanno regnato su Napoli, sono visibili sulla facciata del *Palazzo Reale* 2.

Castel dell'Ovo 3

Il *Duomo* dedicato a San Gennaro, patrono [1] della città, ospita la cappella del santo, che contiene le sue spoglie [2] e il suo sangue.

Il *Palazzo Reale di Capodimonte* 4 si trova in un parco di grandi dimensioni.

---

1. **patrono** : santo protettore della città.
2. **spoglie** : salma, ciò che resta del corpo dopo la morte.

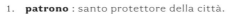

Il Museo e le Gallerie Nazionali ospitano capolavori di pittura, arazzi, [1] sculture e circa tremila porcellane. *Piazza Plebiscito* 5 , in stile neoclassico, è stata recentemente restaurata.

La Galleria Umberto I 6 , in vetro e ferro, è uno dei luoghi più suggestivi della città. Dalla galleria, punto d'incontro di artisti e musicisti, si accede al Teatro Margherita, ultimo "café chantant" della città.

Produzione orale

— Qual è il carattere dei napoletani?
— Chi è il santo patrono della città?
— Qual è il nome del museo più famoso?
— Quale piazza è stata recentemente restaurata?
— Che cos'altro sai della città? Quali altri simboli conosci della città?

---

1. **arazzi** : tessuti fatti a mano su telaio con figure ornamentali. Servivano per decorare le pareti.

CAPITOLO **6**

Domitilla e la macchina rossa

Mark è di nuovo disperato. [1] «E adesso cosa faccio?» si domanda inquieto. [2] «Posso sempre fare l'autostop!» pensa infine.

La mattina dopo Mark si alza presto, fa una colazione veloce, va all'imbocco [3] dell'autostrada e aspetta con il pollice alzato che qualcuno gli dia un passaggio. [4]

1. **disperato** : molto preoccupato.
2. **inquieto** : agitato.
3. **imbocco** : entrata prima del casello.
4. **dia un passaggio** : faccia salire in macchina con sé.

◆ Scoprire l'Italia

A un tratto una macchina rossa sportiva si ferma.

«Dài, salta su»[1] dice una ragazza, mentre si sporge[2] dal finestrino.

«Oh bene, io devo andare a Roma, e tu?» chiede Mark.

«Anch'io vado in quella direzione. Puoi salire!» risponde con un sorriso la ragazza dai capelli ricci e rossi come la sua macchina.

«Io mi chiamo Mark, e tu?» chiede il giovane, mentre chiude la portiera.

«Io sono Domitilla» risponde la ragazza «vado a trovare mia madre e le mie due sorelle a Cerveteri.»

«Non conosco quella città. Sono straniero e studio l'italiano da qualche mese» spiega Mark.

Mark osserva la ragazza che guida veloce. «Deve essere una ragazza molto indipendente[3] e dal carattere forte» pensa Mark fra sé e sé «...eh, è proprio diversa da Yuko: la mia compagna di corso è un po' timida.»

«Cerveteri è una città importante per i resti[4] etruschi» dice la ragazza.

---

1. **salta su** : (fam.) sali.
2. **si sporge** : si affaccia, mette la testa fuori.
3. **indipendente** : autonoma.
4. **resti** : ciò che rimane di monumenti, case e oggetti antichi.

Domitilla e la macchina rossa ◆

«Etruschi?» chiede Mark che non conosce questa parola.

«Sì, è il nome di un antico popolo dell'Italia centrale. In quella zona hanno trovato dei loro vasi, dei gioielli molto belli e anche delle tombe.»

Mark non risponde, pensa agli Etruschi.

«Solo a Cerveteri?» domanda poi incuriosito.

«No, no» spiega la ragazza «anche in altre città del Lazio e della Toscana: Volterra, Roselle, Vetulonia, Fiesole,...»

«Mi piacerebbe visitare queste città. Devono essere affascinanti» osserva lo studente che ama la storia dei popoli antichi.

«Oh sì, è vero» risponde con aria distratta [1] lei. «A dire la verità, però, a me non interessano molto: sai, non mi sembra divertente studiare la storia e le abitudini di uomini che sono morti da tanto tempo...»

Mark sorride: «Capisco... Cosa è divertente per te, Domitilla?»

---

1. **aria distratta** : non attenta.

◆ Scoprire l'Italia

«Beh... mi piace uscire, incontrare gente della mia età, andare in discoteca e ballare...»

Mark non è sorpreso da questa risposta. «Ci sono discoteche a Cerveteri?» chiede poi alla ragazza.

«No, purtroppo non ci sono molti locali notturni. Sai, Mark, lì la vita è un po' noiosa per me. È per questo motivo che ho scelto di vivere a Milano, dove la sera c'è sempre qualcosa di simpatico da fare. A Milano puoi scegliere: ci sono cinema, teatri, ristoranti alla moda, locali notturni eleganti dove è facile conoscere altre persone e fare amicizia...»

«Ho capito, tu ami le grandi città. Ma per qualche giorno anche una piccola città può andare bene, no?» chiede lo studente.

«Sì, ma solo per pochi giorni» risponde Domitilla. Poi aggiunge: «Sei molto simpatico, Mark; non ho fretta, se vuoi ti accompagno io a Roma. Così non avrai il problema di chiedere un altro passaggio.»

Sorpreso, Mark risponde: «Volentieri, grazie, sei proprio gentile e anche generosa.»

Così Mark riesce ad arrivare nella città più grande d'Italia. Raggiunge a piedi il Colosseo. [1] «È incredibile, qui il tempo sembra non passare mai» pensa Mark affascinato. Ma eccolo davanti al Foro dove trova una donna con un cartello su cui è scritto: "Associazione culturale *Bella Italia*". La donna gli consegna la busta, dicendo: «Ecco una busta per te.»

---

1. **Colosseo** : vedi scheda culturale, p. 75.

Domitilla e la macchina rossa ◆

Mark può così leggere il seguente messaggio:

Nella città della Scala[1] e del Duomo
chi ha la busta è un uomo:
tu non chiedere spiegazione,
ma corri svelto alla stazione.

Teatro alla Scala

---

1. **Scala** : Teatro alla Scala, vedi scheda culturale, p. 88.

Comprensione

1 Chi dice che cosa?
Collega le battute (a sinistra) con i personaggi (a destra).

1. «Oh bene, io devo andare a Roma, e tu?»
2. «Vado a trovare mia madre
   e le mie due sorelle a Cerveteri.»   Domitilla
3. «Etruschi?»
4. «Solo a Cerveteri?»
5. «È per questo motivo che ho scelto   Mark
   di vivere a Milano.»
6. «Ho capito, tu ami le grandi città.»
7. «Sì, ma solo per pochi giorni.»

2 Aiutaci a fare un breve riassunto del capitolo, inserendo in ogni spazio numerato la lettera corrispondente alla parola scelta.

Mark decide di fare l'(1) .... Per fortuna una
(2) .... di nome (3) .... si ferma e gli dice di salire sulla
sua (4) ....

I due (5) .... del più e del meno, così Mark viene a sapere che
Domitilla ha due (6).................... che abitano a
(7) .... Mark viene anche a sapere che in quella città, per
molti anni, hanno vissuto gli (8) ....
Questo antico (9) .... ha amato l'arte e ha costruito molte (10)
.... in Toscana e nel Lazio.

Domitilla dice di non amare Cerveteri, che trova un po' noiosa.
Preferisce invece vivere a Milano, dove ci sono molti locali notturni e
occasioni per conoscere altre (11) ....

1.   **A** autostop   **B** autista   **C** conducente
2.   **A** signora   **B** donna   **C** ragazza

3.	**A** Francesca	**B** Laura	**C** Domitilla
4.	**A** bicicletta	**B** macchina	**C** moto
5.	**A** ridono	**B** parlano	**C** scrivono
6.	**A** cugine	**B** fratelli	**C** sorelle
7.	**A** Cerveteri	**B** Roma	**C** Volterra
8.	**A** Ostrogoti	**B** Etruschi	**C** Asiatici
9.	**A** gruppo	**B** centro	**C** popolo
10.	**A** abitazioni	**B** città	**C** residenze
11.	**A** persone	**B** amiche	**C** situazioni

3 **Solo due di queste frasi sono esatte. Quali?**

1. ☐ Mark non vuole fare l'autostop.
2. ☐ Un uomo dà un passaggio a Mark.
3. ☐ Mark vuole andare a Venezia.
4. ☐ Mark passeggia per il centro di Roma.
5. ☐ Yuko dà la busta a Mark.
6. ☐ Domitilla ha i capelli neri.
7. ☐ La macchina di Domitilla è sportiva.

4 **Ascolta la registrazione e individua le differenze.**

La mattina dopo Mark si alza <u>tardi</u>, fa un pranzo veloce, va all'imbocco della superstrada e aspetta con il pollice abbassato che qualcuno gli dia uno strappo. A un tratto un vecchio furgone rosso si ferma.

«Forza, salta su» dice una ragazza, mentre si sporge dal finestrino.

«Oh bene, io devo andare a Tarquinia e tu?» chiede Mark.

«Anch'io vado in quella direzione. Puoi salire!» risponde con un sorriso la ragazza dai capelli lisci e biondi come il grano.

«Io mi chiamo Mark, e tu?» chiede il ragazzo, mentre sbatte la portiera.

«Io sono Domitilla» risponde la ragazza «vado a trovare mia madre e le mie due zie a Vetulonia.»

5 Riascolta la registrazione e correggi le parole che hai sottolineato.

....

....

Competenze linguistiche

1 Che cosa non si dice?

1. il finestrino
   - a. ☐ della macchina
   - b. ☐ del treno
   - c. ☐ di casa

Cosa significa la seguente espressione?

2. andare a trovare qualcuno
   - a. ☐ recarsi in visita da qualcuno
   - b. ☐ cercare qualcuno che si è perso
   - c. ☐ giocare a mosca cieca

Grammatica

1 Leggi le seguenti frasi e sottolinea quelle in cui *che* non ha la funzione di pronome relativo ovvero non può essere sostituito da *il quale, i quali, la quale, le quali.*

1. Un posto di lavoro fisso come quello **che** offriamo noi è davvero un'occasione speciale.
2. Ma ecco **che** arriva lentamente un ragazzo.
3. Mark osserva i turisti **che** scattano le foto ricordo.
4. C'è una donna di circa sessant'anni **che** indossa una camicia bianca.

5. Vado a trovare mia figlia **che** ha sposato un veneziano.

6. Ci sono tante strade piccole piccole **che** si chiamano "calli".

7. Mark si mette in contatto con Mario, un amico **che** abita proprio a Napoli.

8. Mario risponde: «Aiuto un amico **che** mi ha chiesto un favore.»

9. Devo dire **che**, secondo me, il matrimonio è una cosa seria. Tu cosa ne pensi?

Produzione orale

1 **Ricordi quali sono, secondo Domitilla, i vantaggi di chi vive in città? Leggi le seguenti parole ed espressioni e indica se sono caratteristiche della vita in campagna o della vita in città.**

☐ ingorghi ☐ delinquenza

☐ silenzio **A VITA IN CITTÀ** ☐ aria pulita

☐ scarsità di parcheggi **B VITA IN CAMPAGNA** ☐ servizi sociali e pubblici

☐ spazi verdi ☐ inquinamento

Esprimi infine un tuo giudizio e spiega la tua scelta.

2 **Domitilla non ha dato il passaggio a Mark, ma a qualcun altro. Scegli una delle persone proposte e immagina che cosa si sono detti.**

1. Un anziano signore con il bastone.

2. Un ragazzo che sta facendo jogging.

3. Una donna che ha forato una gomma.

69

1 Crucipuzzle

Ritrova nello schema le parole elencate qui sotto. Le puoi leggere orizzontalmente, verticalmente, dal basso verso l'alto e da destra a sinistra. Le lettere rimaste, lette di seguito, ti daranno il nome della prossima meta di Mark.

Cerveteri   Colosseo   duomo   Etruschi   foro   Lazio
resti   Roma   Scala   Toscana   vasi   Volterra

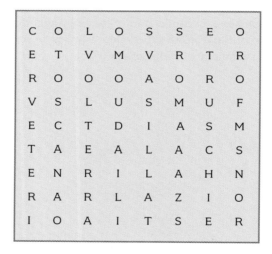

C	O	L	O	S	S	E	O
E	T	V	M	V	R	T	R
R	O	O	O	A	O	R	O
V	S	L	U	S	M	U	F
E	C	T	D	I	A	S	M
T	A	E	A	L	A	C	S
E	N	R	I	L	A	H	N
R	A	R	L	A	Z	I	O
I	O	A	I	T	S	E	R

....

Documenti

1 Osserva il seguente documento autentico.

FRA LE MERAVIGLIE DI ROMA CE N'È UNA DA VIVERE. L'HOTEL MINERVA.

Venire a Roma e non fermarsi all'Hotel Minerva significa perdersi qualcosa. In un antico e nobile palazzo del '600, a due passi dal Pantheon e fra i monumenti più suggestivi del Centro Storico, troverete ospitalità, comfort e servizio ineccepibili. 5 stelle lusso, 134 camere e suites elegantemente arredate, gli elevati standard qualitativi della Catena Crowne Plaza Holiday Inn. Per rendere indimenticabili le vostre vacanze romane.

VEDUTA DELL'HOTEL DELLA MINERVA. 1870 CA.

HOLIDAY INN
CROWNE PLAZA®
MINERVA - ROMA

Piazza della Minerva, 69 – 00186 Roma

Rispondi ora alle domande.

1. Di quale tipo di documento si tratta?
2. A chi si rivolge?
3. In quante e quali parti è suddiviso?
4. Descrivi e metti in relazione tra loro le fotografie. Spiega l'uso dei diversi tipi di colore.
5. Su quali elementi si fonda il testo del documento?

2 Ciak, si gira!

Ecco la celebre *Fontana di Trevi*. Famosa è la scena del film del regista Federico Fellini *La Dolce vita*, in cui Anita Ekberg vi è entrata vestita. Conosci il nome dell'attore italiano che le era accanto?

_____ _____

Questa, invece, è la celebre *Bocca della verità*.
Attenzione! Non devi mettere dentro la mano, se hai detto una menzogna.[1] Secondo la tradizione, infatti, potrebbe esserti tagliata! Anche la Bocca della verità è stata ripresa nella scena di un film con Gregory Peck e Audrey Hepburn, rispettivamente nei panni di un giornalista e di una principessa. Conosci il titolo del film?

_____ _____

Trinità dei Monti, con la sua indimenticabile scalinata, è ancora oggi una "star". Ogni anno infatti fa da scenografia alle sfilate d'alta moda. Ma è anche luogo d'incontro di migliaia di turisti e a primavera si "veste" con centinaia di azalee colorate.

1. **menzogna** : bugia, dichiarazione falsa.

73

Qualche passo *nel passato*

Forse non tutti sanno che...

L'*Appia* 1 , la regina di tutte le vie, era come un'autostrada di oggi: era la strada più breve per giungere a Roma. I *mercati di Traiano* 2 erano una specie di grande supermercato. Vi si vendeva di tutto: frutta, verdura e fiori, nelle botteghe dei piani inferiori; olio e vino, al secondo piano; aromi e pepe, al terzo e al quarto. I magazzini imperiali del quinto piano provvedevano alla distribuzione di cibo ai poveri. Al sesto piano si vendeva il pesce, conservato vivo in vasche in cui scorreva l'acqua dolce del Tevere o quella salata proveniente da Ostia. L'*Arco di Costantino* 3 è stato costruito con frammenti di edifici di età più antica.

Il *Colosseo* 4 ha circa 2 000 anni. È difficile immaginare oggi com'era: c'erano statue, volte dipinte, mosaici, tende e cuscini di seta, fontane con acqua profumata.

Costruito in cinque anni, poteva accogliere 60 000 persone e svuotarsi in pochi minuti. Nel tempo il Colosseo è stato saccheggiato numerose volte, poichè era un luogo di facile accesso.

La *Barcaccia* 5 è la fontana che domina Piazza di Spagna. La sua forma originale, simile ad una barca quasi sommersa, nacque dall'esigenza di risolvere il problema della scarsa pressione dell'acqua che la alimentava.

L'altra sponda *di Trastevere*

Le antiche strade di Trastevere, sconosciute al turismo di massa e alle guide turistiche, conservano tradizioni e mestieri di un tempo. Lunghi tratti di strada sono ancora selciati in "sampietrini"[1] di porfido.[2] Qui sembra che la vita frenetica e moderna non sia mai arrivata: le giornate trascorrono tranquille e la gente si ferma per strada a parlare e scherzare, spesso in dialetto.

Roma città aperta

La domenica, prima di mezzogiorno, le strade sono scorrevoli, perché il traffico è ridotto. Chi ama stare tra la gente deve andare al mercato delle pulci di *Porta Portese*. È possibile trovarvi modellini d'epoca di aerei o lampade "Belle Époque", caffettiere e accessori da cucina anni '50, ma anche cassettiere e sedie da barbiere, sedie e tavolini da bar, argenti inglesi, dischi a 45 e 78 giri.

---

1. **sampietrini** : pietre usate per la pavimentazione di molte strade romane e di Piazza San Pietro.
2. **porfido** : pietra vulcanica.

Via del Babuino è, invece, il "salotto buono" dell'antiquariato.

Roma è anche la città dello shopping a buon prezzo: chi cerca capi d'abbigliamento a prezzi convenienti li trova facilmente, specie nelle strade affollate intorno a *Via del Corso* e *Via del Tritone*.

I *Parioli*, la zona tradizionalmente elegante della città, sta diventando poco a poco il quartiere della moda.

Il mercato e le sue leggi

«Vado al mercato» significa ben più di un semplice giro fra le bancarelle. [1] Il mercato è un luogo profondamente sociale: ogni acquisto è preceduto e seguito da chiacchiere, commenti, scambi di notizie, pettegolezzi [2] e battute tra cliente e venditore.

Il mercato è un universo divertente in cui si può toccare, guardare, ascoltare, annusare, assaggiare...

---

1. **bancarelle** : tavoli su cui si espone la merce per la vendita.
2. **pettegolezzi** : chiacchiere indiscrete su qualcuno.

Al mercato di *Piazza San Cosimato* si trovano i "fruttaroli" [1] e i "vignaroli"; questi ultimi vendono esclusivamente i prodotti del loro

orto. Al mercato del *Testaccio*, il cuore [2] di Roma, si trovano anche calzature.

A *Campo dei Fiori*, sotto lo sguardo vigile della statua di Giordano Bruno, si trova di tutto: formaggi, salumi, polli, spezie, [3] frutta esotica e nostrana, [4] verdure tipiche romane come il crescione.

Produzione orale

1 Rispondi alle seguenti domande.

1. Di quale antico quartiere di Roma si parla?
2. Qual è il nome del più famoso mercato delle pulci?
3. Che cosa vi si può trovare?
4. Dove si può fare shopping a buon mercato?
5. Qual è il nome del quartiere più elegante della città?
6. In quali piazze si svolge il mercato?

1. **fruttaroli** : coloro che vendono frutta e verdura.
2. **cuore** : (fig.) parte centrale, centro di una città.
3. **spezie** : droghe, aromi di cucina.
4. **nostrana** : caratteristica dei nostri luoghi e regioni.

CAPITOLO 7

Arriva Thomas

Mark ha ricevuto una lettera dal suo amico Thomas che dice:

Caro Mark,
come va? Ho finito gli esami all'Università (finalmente) e ho ricevuto una somma di denaro[1] dai miei parenti. Mi piacerebbe venire da te qualche giorno e accettare così il tuo invito. Non ho mai visto l'Italia!
Puoi venire a prendermi alla stazione martedì prossimo? Telefonami, per favore. Con amicizia   Thomas

1. **somma di denaro** : un po' di denaro.

◆ Scoprire l'Italia

Dopo aver telefonato all'amico per mettersi d'accordo, arriva finalmente il martedì mattina.

Contento di rivedere l'amico, Mark va alla stazione alle 10.00. Purtroppo lo studente sente all'altoparlante [1] il seguente annuncio: [2] «Si avvisano i signori passeggeri che l'Intercity "Galileo" viaggia con un'ora di ritardo.»

«Adesso cosa faccio per un'ora?» si domanda Mark un po' seccato. [3] «Posso fare la spesa» decide infine. Proprio fuori dalla stazione c'è un negozio di generi alimentari. [4] Mark entra e, rivolto alla commessa, dice: «Buongiorno. Mi può dire cosa serve per preparare gli spaghetti alla carbonara, per favore?»

«Dunque: ha bisogno di due uova, un po' di pecorino, [5] olio d'oliva, 100 grammi di pancetta [6] e, ovviamente, spaghetti di buona qualità!» risponde la donna gentilmente.

Mark compra tutti questi ingredienti, in più una mozzarella e pomodori freschi per la pizza.

«Quanto spendo?» chiede infine alla cassiera.

«Sono 15 euro» dice la cassiera, sorridendo.

Mark paga ed esce dal negozio.

---

1. **altoparlante** : strumento, generalmente messo in alto, che amplifica la voce e che serve per fare gli annunci.
2. **annuncio** : (qui) messaggio che tutti possono sentire.
3. **seccato** : scontento, arrabbiato.
4. **alimentari** : cose da mangiare.
5. **pecorino** : tipo di formaggio.
6. **pancetta** : carne di maiale stagionata.

Arriva Thomas.

Dieci minuti dopo, in stazione, Mark si rende conto di aver dimenticato la farina. «Non posso certo fare la pizza senza farina. Chissà se Yuko ha della farina» pensa.

Finalmente annunciano l'arrivo del treno di Thomas: «È in arrivo sul 5° binario l'Intercity "Galileo".»

Il treno arriva e i passeggeri scendono, ma Thomas non c'è. Mark comincia a preoccuparsi: «Forse ha perso il treno...»

Per fortuna, l'ultimo passeggero è proprio Thomas.

«Hai fatto buon viaggio?» chiede Mark.

«Sì, anche se è stato un po' lungo...» risponde l'amico, contento di essere in vacanza.

Nei giorni seguenti Mark e Thomas vanno insieme a Piazzale Michelangelo, agli Uffizi, a Palazzo Vecchio. Thomas si diverte molto.

Mark cucina per lui spaghetti alla carbonara, bistecche alla fiorentina, pizza alla napoletana.

Prima di ripartire, Thomas dice a Mark: «Ho trascorso una bella vacanza, Mark! Grazie per quello che hai fatto per me.»

«Oh, è stato bello passare qualche giorno insieme» risponde il nostro studente.

«Ho apprezzato molto anche tutte le cose che mi hai preparato...» aggiunge con un sorriso Thomas.

«Senti, Thomas» dice poi Mark, che sembra avere un'idea: «puoi fare una cosa per me?»

◆ Scoprire l'Italia

«Certo, che cosa, Mark?»

Mark allora spiega all'amico del concorso e gli chiede se può fare tappa [1] a Milano pochi minuti per prendere la famosa busta del concorso.

«A Milano? La Stazione Centrale è così grande...» dice l'amico un po' perplesso. [2]

«Ma sì, certamente..., ma non ci sono problemi» lo incoraggia Mark.

Stazione di Milano Centrale

1. **tappa** : fermata, sosta.
2. **perplesso** : non del tutto convinto.

Arriva Thomas

Al suo arrivo a Milano, Thomas trova subito nell'atrio [1] un signore con una maglietta su cui è scritto: «Associazione culturale *Bella Italia*. Benvenuti a Milano!» La busta che consegna a Mark contiene il seguente messaggio:

> Nella città di Agrigento
> vai veloce come il vento.
> Nell'antica Valle dei Templi [2]
> la busta trovi, se ben contempli. [3]

Tempio della Concordia ad Agrigento, dedicato ai Dioscuri

1. **atrio** : hall, entrata.
2. **Valle dei Templi** : antichi luoghi di preghiera.
3. **contempli** : guardi, osservi.

Comprensione

1 Indica con una ✗ se le seguenti affermazioni sono vere (V) o false (F).

	V	F
1. Thomas ha scritto una lettera all'amico Mark per avvisarlo del suo arrivo.	☐	☐
2. Mark non va a prenderlo alla stazione.	☐	☐
3. Thomas arriva in ritardo e Mark non riesce a trovare l'amico.	☐	☐
4. Mark vuole cucinare per Thomas un risotto alla milanese.	☐	☐
5. Thomas non gradisce la cucina di Mark.	☐	☐
6. I due studenti visitano Firenze e Siena.	☐	☐
7. Mark chiede all'amico di fare tappa a Milano.	☐	☐

2 Ecco un breve riassunto. Completa le seguenti frasi.

Thomas è arrivato oggi con l'.................. "Galileo". Mark è ....
alla stazione a prenderlo. I due amici trascorrono qualche giorno
insieme: visitano i monumenti e tutto ciò che c'è da vedere a
....

Alla conclusione della breve vacanza, Thomas afferma di essersi
proprio divertito. Insieme hanno fatto anche delle grandi scorpacciate:
hanno mangiato .... alla carbonara, pizze e bistecche. Thomas
è molto grato all'amico per tutto quello che ha .... per lui.
Mark, allora, pensa di .... a sua volta un piacere: prega infatti
.... di fermarsi alla Stazione di .... Centrale per
ritirare la busta del concorso.

3 Ascolta la registrazione e individua le differenze.

«Ora cosa faccio per mezz'ora?» si domanda Mark un po' scocciato. «Posso fare la spesa» decide infine. Proprio fuori dalla metropolitana c'è un supermercato. Mark entra e, rivolto alla commessa, dice: «Buongiorno. Mi può dire cosa serve per preparare gli spaghetti all'amatriciana, per favore?»

«Dunque, ha bisogno di due pomodori grossi, un po' di pecorino, olio d'oliva, 100 grammi di pancetta e, ovviamente, spaghetti di buona qualità!» risponde la signora educatamente.

Mark acquista tutti gli ingredienti, inoltre una mozzarella e acciughe per la pizza.

«Quant'è?» domanda infine alla cassiera.

«15 euro in tutto» dice la commessa, sorridendo.

Mark paga ed esce dal supermercato.

Un quarto d'ora dopo, in stazione, Mark si accorge di aver dimenticato la farina.

 4 Riascolta la registrazione e correggi gli errori che hai precedentemente sottolineato.

Produzione scritta

1 Immagina di ospitare un amico nel tuo paese.

Scrivigli una lettera in cui
- — fai il programma di come pensi di trascorrere la settimana;
- — elenchi l'itinerario delle località in cui lo vuol portare;
- — descrivi i luoghi da visitare;
- — descrivi l'itinerario "gastronomico" della settimana.

(90-100 parole)

Documenti

1 L'Italia? La trovi in pizzeria

La margherita più famosa del mondo è la regina delle nostre tavole.

Ha i colori della nostra bandiera e accontenta proprio tutti, dal milanese al napoletano.

In dieci anni il numero di pizzerie nel nostro paese è più che raddoppiato e il fatturato del settore si aggira intorno ai 25 milioni di euro.

La pizza è festa, sottile o alta, croccante o morbida.

La pizza fa bene, è un mix equilibrato. Prendiamo la margherita: ha una quantità limitata di grassi (10-12%), una buona quantità di carboidrati e, se non si è troppo avari con la mozzarella, una quantità sufficiente di proteine. Pochissimo il colesterolo. Il sugo di pomodoro, invece, mantiene giovani le nostre cellule. Insomma, la margherita non deve essere un tabù per chi è a dieta: contiene infatti 550-570 calorie.

Ingredienti
150 g. di pasta
50 g. di pomodori pelati
50 g. di mozzarella
1 cucchiaio di parmigiano
farina (quanto occorre)
basilico
sale
olio

Pizza Margherita

Pasta per pizza
In una tazza piena d'acqua tiepida sciogliete un po' di lievito, aggiungete 2 cucchiai di farina, mescolate il tutto e lasciate "crescere".
Sistemate a fontana l'altra farina, mettete al centro il lievitato e il sale, aggiungendo l'acqua necessaria per ottenere una pasta morbida. Fate aumentare il suo volume sotto un panno di lana.

Dopo aver steso su una spianatoia la pasta per pizze, ponete sopra di essa i pomodori pelati, la mozzarella tagliata a dadini, il basilico sminuzzato, un pizzico di sale, un filo d'olio, spolverizzando il tutto con una generosa dose di parmigiano. Fate cuocere nel forno caldissimo...

Milano

Il Duomo

Il Duomo fu costruito con marmo bianco rosato, proveniente dal Lago Maggiore e trasportato a Milano da barconi che percorrevano 100 e più chilometri in 4-5 giorni. Alla costruzione hanno partecipato migliaia di artigiani, venuti da tutta Europa, ma la sua architettura rivela la tradizione romanica lombarda e il gusto decorativo gotico. Vi sono 3 400 statue, 200 altorilievi, 164 finestroni e 3 000 m² di vetrate. Ma il simbolo della città resta la Madonnina, la piccola statua costituita da 3 900 lamine d'oro [1] che la sovrasta. [2]

1. **lamine d'oro** : foglie d'oro molto sottili.
2. **sovrasta** : che sta sopra.

Il Naviglio

Il Naviglio Grande 1 attraversa un'antica zona popolare della città. Ancora oggi vi si trovano i barconi, che 15 anni fa trasportavano sabbia, ora trasformati in ristoranti e locali in cui si fa musica dal vivo.

La Galleria Vittorio Emanuele 2

È un grande salotto tra il *Teatro alla Scala* 3 e il *Duomo*. La Galleria è uno dei principali punti di ritrovo dei milanesi.

Il Teatro alla Scala

Si sono esibiti i più famosi ballerini di danza classica del mondo e i più grandi cantanti lirici di tutti i tempi.

La via dello shopping

Corso Buenos Aires, ovvero 3 km di vetrine e circa 300 negozi di 77 generi diversi, è la seconda strada al mondo per concentrazione commerciale, dopo quella di Tokyo.

Moda made in Italy

Negli anni '80 i più grandi stilisti si sono stabiliti nei palazzi più "in" della città. Oggi questa zona è chiamata il "quadrilatero di lusso" del made in Italy (Via Montenapoleone, Via Sant'Andrea, Via della Spiga e Via Santo Spirito).

Due volte l'anno, a marzo e a ottobre, le sfilate di Milano Collezioni mostrano in anteprima la nuova moda. In cinque giorni sfilano decine di grandi firme.

Interno di un negozio di alta moda

1 Indica con una **X** se le seguenti affermazioni sono vere (V) o false (F).

	V	F
1. Il Duomo è stato costruito in marmo bianco rosato.	☐	☐
2. La Madonnina si trova nel Teatro alla Scala.	☐	☐
3. Sul Naviglio ci sono ristoranti e locali.	☐	☐
4. Corso Buenos Aires è la via delle banche.	☐	☐
5. A Milano si fanno sfilate 5 volte l'anno.	☐	☐

2 Dopo aver letto il precedente brano su Milano, indica su questa cartina del centro il Duomo, la Galleria e il Teatro.

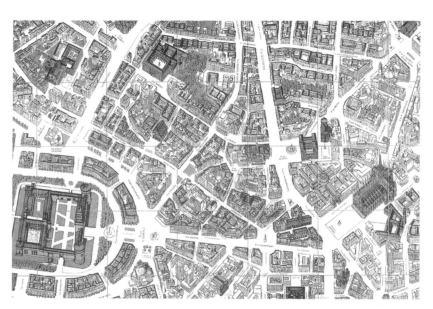

CAPITOLO 8

Una zia d'America

S ono le 8.30 del mattino. Mark è ancora profondamente addormentato. Improvvisamente, suona il campanello. «Ma chi può essere a quest'ora?» si chiede Mark incuriosito. Va velocemente alla finestra, dà un'occhiata [1] fuori e vede che si tratta del postino.

Risponde al citofono. [2]

«È lei Mark T.?» chiede il postino.

«Sì, sono io» ribatte Mark.

---

1. **occhiata** : sguardo veloce.
2. **citofono** : telefono interno che collega l'appartamento con la porta d'ingresso (sulla via).

◆ Scoprire l'Italia

«Deve firmare, per favore. È un vaglia»[1] aggiunge l'uomo.

Mark scende e prende la sua posta. C'è una bella sorpresa per il nostro studente: sua zia Evy, che vive in America, gli ha mandato una bella somma di denaro come regalo di compleanno.

«Già, fra due giorni è il mio compleanno!» pensa il giovane.

Decide allora di scrivere un biglietto di ringraziamento alla zia.

> Cara zia,
> ho ricevuto stamattina il tuo regalo.
> Mi ha fatto molto piacere; è un regalo davvero utile.
> Tu non dimentichi mai i compleanni e le ricorrenze... .[2]
> Sei veramente adorabile.[3]
> Al più presto possibile vengo a casa tua.
> Ciao, bacioni dal tuo affezionato nipote.
> A presto.
>   Mark
> P.S. Come stanno i tuoi cani?

Mark acquista subito un biglietto aereo per Palermo, Punta Raisi. Parte alle 15.30 da Pisa e arriva alle 16.45.

---

1. **vaglia** : documento che permette di spedire o ricevere denaro tramite l'ufficio postale.
2. **ricorrenze** : giorni importanti nella vita di una persona.
3. **adorabile** : molto gentile.

Una zia d'America

Dall'aeroporto di Palermo, poi, prende un treno per la vecchia città di Agrigento.

Appena sceso dal treno lo aspetta una sorpresa: Yuko, la sua compagna di corso, è lì sul marciapiede della stazione.

«Ehi, Yuko, aspetta! Cosa fai tu qui?» le chiede Mark.

«Ciao Mark, che sorpresa! Sono qui per il concorso. Anche tu?»

«Sì, anch'io. Possiamo andare insieme alla Valle dei Templi, allora.»

«Sì, andiamo» risponde la ragazza giapponese.

I due arrivano sul posto. Il sole sta per tramontare e la luce dorata fa diventare magici i resti, antichi luoghi di preghiera. Il vento caldo che viene dal mare muove leggermente le foglie degli olivi e degli aranci.

I ragazzi sono incantati; [1] per qualche attimo dimenticano il concorso. Quando vedono, però, un uomo con il cartello su cui è scritto "Associazione culturale *Bella Italia*", ritornano in sé. [2]

«Yuko, abbiamo vinto!»

«Oh, sì Mark! Ma un momento, noi siamo in due...»

«Beh, possiamo fare a metà, se sei d'accordo... In che cosa consiste [3] il premio?» chiede con impazienza lo studente. L'uomo allora dà a Mark questo biglietto:

---

1. **incantati** : affascinati.
2. **ritornano in sé** : (qui), pensano di nuovo al concorso.
3. **in che cosa consiste** : che cosa è?

◆ Scoprire **l'Italia**

AVETE VINTO

ALCUNI PRODOTTI GASTRONOMICI TIPICI [1] ITALIANI,

DIECI LIBRI SULLA STORIA

E LA CULTURA ITALIANA

E UN VIAGGIO PER DUE PERSONE

IN UNA CITTÀ ITALIANA

A VOSTRA SCELTA.

«Bene» fa Mark. «Possiamo dividere i libri e i prodotti tipici, ma come facciamo per il viaggio?»

---

1. **prodotti gastronomici tipici** : prodotti di cucina caratteristici.

Comprensione

1 Rileggi il capitolo e segna con una ✗ la lettera corrispondente all'affermazione corretta.

1. La zia di Mark è
   - **a.** ☐ francese
   - **b.** ☐ spagnola
   - **c.** ☐ americana

2. Mark ha ricevuto una somma di denaro
   - **a.** ☐ perché è il suo compleanno
   - **b.** ☐ per Natale
   - **c.** ☐ per una scommessa vinta

3. Ad Agrigento Mark incontra
   - **a.** ☐ la sua insegnante
   - **b.** ☐ Yuko
   - **c.** ☐ il suo amico Thomas

4. Yuko è ad Agrigento per
   - **a.** ☐ turismo
   - **b.** ☐ trovare un amico
   - **c.** ☐ il concorso

5. Il premio consiste in
   - **a.** ☐ una macchina sportiva e un viaggio
   - **b.** ☐ una collana di diamanti e un soggiorno all'estero
   - **c.** ☐ prodotti gastronomici, libri e un viaggio

95

2 Chi dice cosa? Attribuisci ciascuna battuta (a sinistra) al relativo personaggio (a destra).

1. «È lei Mark T.?»   Yuko
2. «Abbiamo vinto!»
3. «Ma un momento, noi siamo in due»   uomo del concorso
4. «Avete vinto... un viaggio per due persone»
5. «È un vaglia»   il postino
6. «Come facciamo per il viaggio?»
7. «Sono qui per il concorso, anche tu?»   Mark

3 Riordina ciascuna frase come nell'esempio.

Es.: *Il — gatto — il — mangia — topo*
    1   2   4   3   5

1. la — ha — un regalo — Mark — a — mandato — zia Evy
2. Mark — un — per Agrigento — preso — treno — ha
3. Yuko — insieme — Mark — alla — vanno — Valle — Templi — dei — e
4. i — dimenticano — concorso — il — ragazzi
5. tramontare — sole — sta — per — il
6. studenti — il — concorso — vinto — hanno — gli
7. molto — ringrazia — Mark — la — zia
8. vive — zia — in — la — America — Mark — di

4 Ascolta la registrazione e individua le differenze.

Sono le <u>6.30</u> del mattino. Mark è ancora decisamente assonnato.
Improvvisamente, squilla il telefono. «Chi può essere a quest'ora?» si
chiede Mark seccato. Va rapidamente al telefono, alza il ricevitore e
sente che si tratta del postino.

Risponde al citofono.

«Parlo con Mark T.?» chiede il postino.

«Sì, sono io» ribatte Mark.

«Deve venire alla posta a ritirare un vaglia» prosegue l'uomo.

Mark si veste ed esce per andare alla posta. C'è una bella sorpresa per
il nostro amico: sua nonna Evy, che vive in Germania, gli ha mandato
un bel gruzzolo di denaro come dono per la promozione.

5 Riascolta la registrazione e correggi le differenze che hai sottolineato.

....

....

....

....

....

....

....

....

....

....

....

Produzione orale

1 Immagina di disporre di una bella somma di denaro. Fai dei progetti su come utilizzarlo.

2 Il capitolo si conclude con una domanda; mettiti nei panni di Mark e Yuko e fai alcune proposte per trovare una soluzione.

Competenze linguistiche

1 Ecco come si possono ottenere parole di significato diverso. Basta cambiare la consonante in neretto con quella adatta.

1. **s**omma   È utile per cancellare: ....
2. **c**orso   Bere poca acqua, berne un ....
3. **c**artello   Lo si usa al supermercato: ....
4. li**b**ri   Il vino si misura a ....
5. **o**ra   Con le sue penne si scriveva: ....
6. **f**inestra   Fiore giallo profumatissimo: ....

Il cambio di vocale.

1. p**o**sta   La si mangia in Italia: ....
2. m**a**re   Frutti estivi dei rovi: ....
3. v**a**glia   Se non si dorme si ....
4. c**a**ni   Solidi e "contenitori" per gelato! ....
5. tr**e**no   Ci si siede il re: ....

2 Vuoi conoscere il titolo di una famosa opera teatrale di un noto scrittore nato in provincia di Agrigento? Completa la griglia qui sotto.

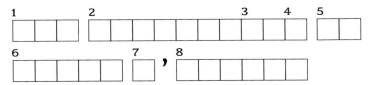

1. Mezza dozzina.
2. Nella coniugazione dei verbi «io» è la prima .... singolare.
3. Iniziali di Giancarlo Giannini.
4. Tra la H e la L.
5. Preposizione semplice.
6. «Chi .... trova!» dice il proverbio.
7. Quarta lettera dell'alfabeto.
8. Dante lo è della *Divina Commedia*.

3 E ora che sai qual è il titolo dell'opera, sai dire qual è il nome del suo autore? Per saperlo completa la seguente griglia.

1. In francese e in inglese si dice Louis, in spagnolo Luis.
   Come si dice in italiano?
2. Tra la O e la Q.
3. Rabbia.
4. Tra la M e la O.
5. Preposizione articolata maschile singolare.

99

Qui i mandorli *sono già fioriti*

Da circa sessant'anni, a febbraio, si svolge ad Agrigento la "Sagra del mandorlo in fiore" ormai famosa in tutto il mondo. Il rito, legato alla fioritura dei mandorli, è nato a Naro, un paesino barocco. I contadini ballavano e cantavano per celebrare la primavera. Contadini e ragazzi con chitarre, mandolini [1] e fisarmoniche guidavano carretti colmi di rami di mandorlo, simbolo di solidarietà e pace.

Altri suonavano lo zufolo [2] o il vecchio marranzano. [3] La sfilata si concludeva con uno spettacolo.

In seguito la sagra è stata trasferita ad Agrigento. Oggi è il punto d'incontro di popoli di razze e lingue diverse.

1. **mandolini** : strumenti a corde che si pizzicano.
2. **zufolo** : strumento a fiato, è un cilindro cavo in cui soffiare.
3. **marranzano** : scacciapensieri, strumento tipico siciliano.

Visitiamo la Valle dei Templi

Il *Tempio di Ercole*, il più antico tra i monumenti dorici agrigentini (fine VI sec. a.C.), sorge su una base rettangolare a tre gradini. Delle 38 colonne originarie ne restano 8. Meglio conservato è il *Tempio della Concordia* (440 a.C.). Dedicato a Castore e Polluce è stato poi trasformato in chiesa cristiana. Le rovine del *Tempio di Giove Olimpico* (480 a.C.) sono un raro esempio di tempio greco, con mura colossali [1] e semicolonne in cui erano posti i telamoni (statue di figure umane di sostegno di quasi 8 m.). Il *Tempio di Giunone* (450 a.C.) conserva ancora le tracce di un incendio che scoppiò nel 406.

Le 4 colonne del *Tempio di Castore e Polluce* sono il simbolo della città.

Il Tempio dei Dioscuri (Castore e Polluce)

1. **colossali** : gigantesche.

101

In vacanza

I due ragazzi riflettono per un po', poi decidono di andare insieme a visitare una città italiana.

«Quale città preferisci vedere?» chiede Mark alla sua compagna.

«Non so, e tu Mark?»

«Un mio amico è stato a Genova. Ha detto che è una città molto bella, c'è il porto, un grande Acquario...»[1]

«Sì, è bella, io sono già stata una volta a Genova con la mia amica Matsuko.»

«Ah, capisco...»

---

1. **acquario** : una vasca in cui vivono i pesci.

Dopo un po' Mark esclama ancora: «E Bari? E la Puglia? Ci sono delle piccole case fatte tutte in pietra che si chiamano "trulli", [1] mi sembra.»

«Sì, si chiamano trulli. Sono già stata una volta anche lì con la mia...»

«...amica Matsuko!» conclude la frase Mark.

«Sì, però non sono mai stata...»

«Dove?» chiede con impazienza Mark.

«A Siena, la città del Palio.» [2]

«Bene, anch'io non ho mai visto Siena. D'accordo, allora abbiamo deciso...»

Il mese seguente i due fortunati visitano la città delle contrade. [3] Visitano il Duomo, il Museo dell'Opera, il Palazzo Comunale con la Torre del Mangia e il centro storico.

Per le vie del centro passa un corteo [4] di giovani sbandieratori [5] che indossano gli antichi costumi delle loro contrade. Yuko e Mark lo guardano ammirati. Quello che i due preferiscono di Siena, però, è Piazza del Campo.

«Hai visto, Yuko» osserva Mark «questa piazza con i suoi piccoli mattoni rossi, con questa forma particolare sembra proprio un... campo! E guarda com'è bella la fontana!»

---

1. **trulli** :

2. **Palio** : vedi scheda culturale, pag. 109.
3. **contrade** : quartieri (vedi scheda culturale).
4. **corteo** : persone che sfilano.
5. **sbandieratori** : uomini che tengono le bandiere nei cortei.

◆ Scoprire **l'Italia**

Siena dall'alto: in evidenza la Torre del Mangia

«Sì» risponde la ragazza «io, però, non riesco a staccare gli occhi dalla Torre del Palazzo Comunale.»

A Siena, poi, non si può fare a meno di visitare il Museo di una delle contrade, dove si conservano i premi vinti.

«Guarda Yuko» dice Mark, mentre indica [1] alla compagna un palio, [2] «questo è del 1815!»

«È davvero dipinto bene!» risponde lei, mentre pensa ai cavalli che corrono velocemente nella Piazza del Campo, con migliaia di persone che gridano.

I due ragazzi si divertono molto, stanno bene insieme; Mark è molto gentile con Yuko: porta le sue valigie, va nei posti in cui vuole andare lei.

---

1. **indica** : fa vedere, mostra con un dito.
2. **palio** : quadro dipinto su una tela.

In vacanza

Purtroppo, però, la vacanza senese dura solamente due giorni. In albergo, al momento della partenza, Mark restituisce le chiavi delle camere al portiere. Questi lo ringrazia e dice: «Tanti saluti a lei e alla sua fidanzata!»

«No, non è la mia ragazza, è solamente un'amica...» ribatte Mark. I due uomini sono un po' imbarazzati, mentre Yuko non può fare a meno di sorridere.

Alla fine del viaggio Mark è costretto a salutare Yuko.

«Ciao Yuko, mi dispiace, ma la nostra breve vacanza è finita... Io mi sono divertito molto, e tu?»

«Anch'io Mark. Perché non facciamo un'altra gita insieme appena possibile?»

«Va bene» risponde contento Mark.

«Questa volta, però, decidi tu dove andare...» aggiunge in fretta la studentessa.

Entrambi ridono.

Nelle settimane seguenti escono spesso insieme per andare in pizzeria o al cinema. Lentamente, la loro amicizia diventa un sentimento più forte. Un giorno Mark dichiara il proprio amore a Yuko. La ragazza è felice. Dopo qualche tempo i due giovani decidono di sposarsi.

FINE

Comprensione

1 Indica con una **✗** se le seguenti affermazioni sono vere (V) o false (F).

	V	F
1. Yuko non è mai stata a Bari.	☐	☐
2. Mark non conosce Siena.	☐	☐
3. A Siena i due visitano la casa di S. Caterina.	☐	☐
4. I due studenti non possono visitare il museo della contrada, perché è chiuso.	☐	☐
5. Quello che preferiscono di Siena è il corteo.	☐	☐
6. Mark vede un palio del XIX secolo.	☐	☐
7. Siena non è piaciuta a Mark.	☐	☐
8. I trulli sono delle piccole case di colore nero.	☐	☐

2 Chi dice che cosa?
Attribuisci ciascuna battuta (a sinistra) ai relativi personaggi (a destra).

1. «Quale città preferisci vedere?»

2. «E Bari? E la Puglia?»   il portiere

3. «Sono già stata una volta anche lì»

4. «A Siena, la città del Palio.»   Yuko

5. «D'accordo, allora abbiamo deciso...»

6. «Questo è del 1815!»

7. «Mi dispiace, ma la nostra breve vacanza è finita...»   Mark

8. «Tanti saluti a lei e alla sua fidanzata!»

3 Ascolta attentamente la registrazione e completa il testo qui sotto.

I due ragazzi si .... molto, stanno .... insieme; Mark è molto .... con Yuko: .... le sue ...., va nei posti in cui vuole .... lei.

Purtroppo, però, la .... senese dura solamente due giorni. In ...., al momento della ...., Mark .... le .... delle camere al .... Questi lo ringrazia e dice: «Tanti saluti a lei e alla sua ....!»

«No, non è la mia ...., è solamente un'...................» ribatte Mark. I due uomini sono un po' ...., mentre Yuko non può fare a meno di ....

Alla fine del viaggio Mark è costretto a .... Yuko.

Produzione scritta

1 Immagina di organizzare un viaggio a Siena.
Scrivi due e-mail: una all'Azienda di Promozione Turistica per avere i nomi degli alberghi e i loro numeri telefonici; l'altra quando hai scelto l'albergo, per fare la prenotazione.

(80 parole circa)

Produzione orale

1 Ricordi il tuo primo amore?
Raccontalo brevemente, indicando quanti anni avevi, in quali circostanze è nato questo sentimento, se era corrisposto, ecc.

2 Le città nascoste

E ora metti alla prova le tue conoscenze. Nella colonna in giallo, leggerai il nome di una famosa località campana.

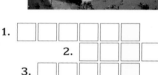

1. ☐☐☐☐☐☐
   2. ☐☐☐☐
3. ☐☐☐☐☐
   4. ☐☐☐☐☐☐☐
      5. ☐☐☐☐☐☐☐
6. ☐☐☐☐☐☐☐

1. La città dell'Acquario.
2. La città della fontana di Trevi.
3. La città del Palio.
4. La città della Madonnina.
5. La città di Palazzo della Signoria.
6. La città delle "calli" e dei "campielli".

Siena *e il Palio*

Siena è famosa in tutto il mondo per il suo Palio.

La tradizione del Palio, l'antica giostra [1] di cavalli tra le contrade, fa rivivere il passato. Tra le feste italiane il Palio attira, ogni anno, migliaia di turisti da ogni parte del mondo.

Il Palio è disputato due volte l'anno: il 2 luglio e il 16 agosto. Il Palio però non è una manifestazione organizzata a scopo turistico: fa parte della vita del popolo senese nel tempo e nei diversi suoi aspetti e sentimenti. A esso prendono parte, nei loro costumi tradizionali e con i loro emblemi, [2] le 17 contrade in cui è divisa la città. Ogni contrada ha un nome, un vessillo, [3] una chiesa propri. Esistono la contrada dell'aquila, quella della chiocciola, dell'onda, della pantera, della selva, della tortuga, della civetta, del leocorno, del nicchio, della torre, del bruco, del drago, della giraffa, dell'istrice, della lupa, dell'oca e quella di valdimontone. Solo 10 contrade, estratte a sorte, [4] partecipano al Palio.

La grande festa incomincia qualche giorno prima con il sorteggio [5] dei cavalli, che vengono benedetti, [6] insieme con i fantini, il giorno

---

1. **giostra** : gara di abilità tra cavalieri, di epoca medievale e rinascimentale.
2. **emblemi** : figure simboliche.
3. **vessillo** : bandiera, insegna.
4. **estratte a sorte** : scelte casualmente (come nel lotto, nella tombola e nel bingo).
5. **sorteggio** : estrazione a sorte.
6. **benedetti** : consacrati con rito religioso.

del Palio nelle rispettive chiese di ciascuna contrada. La vigilia si corre la "provaccia". [1] Il Palio vero e proprio ha inizio con la cerimonia del mattino: la messa nella Cappella di Piazza del Campo e nella chiesa di Santa Maria in Provenzano con le bandiere e il palio. Nel pomeriggio si svolge il tradizionale e pittoresco corteo: una sfilata in costumi tradizionali di mazzieri, [2] trombettieri, musici, palafrenieri, [3] vessilliferi [4] e altri. Conclude la sfilata il Carroccio con il Palio destinato al vincitore della corsa di cavalli. La parte più spettacolare è il gioco della bandiera, in cui gli alfieri delle varie contrade si esibiscono in lanci e figurazioni, [5] dando prova di eccezionale abilità e fantasia.

Alfieri delle contrade

1. **provaccia** : corsa di prova.
2. **mazzieri** : persone che precedono un corteo e che segnano il ritmo del passo o della musica con mazze.
3. **palafrenieri** : persone che custodiscono i cavalli da corsa.
4. **vessilliferi** : persone che portano la bandiera, ad es. gli alfieri.
5. **figurazioni** : rappresentazioni con figure.

Corsa del Palio

La corsa dura poco, il tempo necessario per far percorrere ai cavalli tre giri della piazza con i fantini che montano "a pelo" [1] e la folla che urla. Al vincitore viene consegnato il palio, un drappo [2] con l'immagine della Vergine. L'entusiasmo e la gioia dei cittadini continua ancora per quattro giorni nelle strade della contrada vincente. Per tutto l'anno, però, i senesi parlano del Palio nelle sedi delle varie contrade.

1 Indica a che cosa corrispondono nel testo i seguenti numeri.

1. migliaia: ....
2. due: ....
3. due: ....
4. sedici: ....
5. diciassette: ....
6. dieci: ....
7. tre: ....
8. quattro: ....

1. **montano "a pelo"** : cavalcano senza sella, direttamente sul dorso dell'animale.
2. **drappo** : tessuto di lana o di seta, stoffa pregiata.

2 Descrivi una festa tipica del tuo paese.

....

....

....

....

....

....

....

CELI 2

3 Rileggi il testo. Non tutte le affermazioni da 1 a 6 sono presenti. Indica con una ✗ le affermazioni presenti.

1. ☐ Il Palio nasce nel Medio Evo.

2. ☐ Il Palio attira migliaia di turisti ogni anno.

3. ☐ Il Palio si disputa due volte l'anno: il 2 luglio e il 16 agosto.

4. ☐ La contrada è considerata il prolungamento della propria casa.

5. ☐ Una grande cena si svolge per le strade il giorno della vigilia.

6. ☐ Per tutto l'anno i senesi parlano del Palio.